**사립학교
교원인사
법적쟁점
100** 개정판

사립학교 교원인사 법적쟁점 100 개정판

©오범석, 2023

초    판 1쇄 2014년 9월 25일 찍음
개정판 1쇄 2023년 3월 31일 찍음
개정판 1쇄 2023년 4월 10일 펴냄

지은이 | 오범석
펴낸이 | 이태준

기획·편집 | 박상문, 김슬기
디자인 | 최진영
인쇄·제본 | 제일프린테크

펴낸곳 | 북카라반
출판등록 | 제17-332호 2002년 10월 18일

주소 | (04037) 서울시 마포구 양화로7길 6-16 서교제일빌딩 3층
전화 | 02-486-0385
팩스 | 02-474-1413

ISBN 979-11-6005-125-4  93360
값 18,000원

# 사립학교 교원인사 법적쟁점

## 100 개정판

징계, 재임용 심사, 면직
직위해제 처분을 중심으로

변호사 오범석 지음

북카라반
CARAVAN

## 머리말

『사립학교 교원인사 법적쟁점 100』 저서를 출간한 지도 벌써 10년이 지났습니다. 그동안 관련 법령의 개정이 이루어졌고 징계사건에서 특정 유형의 징계양정에 큰 변화가 있었습니다. 이에 필자는 개정 법령과 변경된 소청례에 따라 개정판을 준비하게 되었습니다.

징계관련 내용에서는 징계시효와 징계양정 부분에 큰 변화가 있었습니다. 소청례에서도 성비위와 연구 부정 행위 부분에 양정의 기준이 상당히 강화되었습니다. 이는 시대의 변화에 따른 것으로 풀이됩니다.

이 책의 출간과 함께 커 온 아들 승준 군과 옆에서 큰 힘이 되어준 아내 전은경에게 감사의 말을 전합니다. 책임감 있는 법조인으로서 전문 분야에서 얻은 지식을 필요로 하는 여러 분들과 공유할 수 있도록 앞으로 더욱 정진하겠습니다.

2023년 3월 서초동 사무실에서
변호사 오범석 올림

목
차

# PART 4 면직

# PART 5 직위해제

# I

## 교원징계절차

사립학교 교원에 대한 징계절차에서
반드시 숙지해야 하는 절차상의 중요한 쟁점 요약

# 사립학교 징계절차의 흐름도

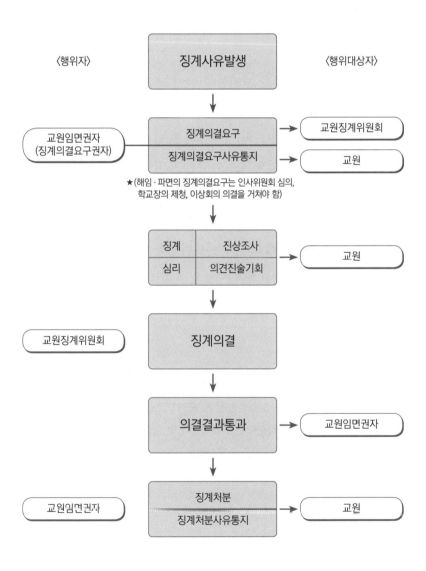

〈행위자〉

징계사유발생

〈행위대상자〉

교원임면권자
(징계의결요구권자)

징계의결요구 → 교원징계위원회

징계의결요구사유통지 → 교원

★ (해임·파면의 징계의결요구는 인사위원회 심의,
학교장의 제청, 이상회의 의결을 거쳐야 함)

징계 | 진상조사
심리 | 의견진술기회 → 교원

교원징계위원회

징계의결

의결결과통과 → 교원임면권자

교원임면권자

징계처분
징계처분사유통지 → 교원

# 02 징계의 제청

◆ 핵심포인트

　통상적으로 징계절차를 진행함에 있어 교원인사위원회의 심의절차를 거친 후에 징계제청을 해야 하는지에 대하여 의문을 가질 수 있습니다. 교원인사위원회의 심의절차를 거치는 편이 추후 절차상의 논란을 피해갈 수 있으므로 특별한 사정이 없다면 생략할 필요는 없습니다. 그러나 교원인사위원회 심의를 하지 않더라도 이후 교원징계위원회에서 충분한 소명기회를 부여한다면 징계처분이 취소되지는 않으므로 부득이 교원인사위원회 심의를 거치지 않았다면 그리 크게 걱정할 필요까지는 없을 것입니다.

---

법령

- 사립학교법 제53조의 3 (교원인사위원회)

① 각급학교(초등학교·고등기술학교·공민학교·고등공민학교·유치원과 이들에 준하는 각종학교를 제외한다)의 교원(학교의 장을 제외한다)의 임면 등 인사에 관한 중요사항을 심의하기 위하여 당해 학교에 교원인사위원회를 둔다.

판결

- 서울행정법원 2004. 4. 28. 선고 2003구합6306
  종전 사립학교법 제53조의 3 개정 전에도 학교법인이 파면 처분을 함
  에 있어 정관에 규정된 교원인사위원회의 심의 절차를 거치지 않은 것
  을 제외한 사립학교법과 정관상 모든 절차를 준수하고, 징계절차에서
  징계대상자에게 의견진술 및 방어의 기회를 충분히 주어진 사실관계가
  인정되는 경우에 교원인사위원회의 심의를 거치지 아니한 절차상의 하
  자가 실체관계에 어떠한 영향을 미쳤다고 볼 수 없어 절차상 하자에 의
  한 무효라고 볼 수 없다.

◆ advice

  징계절차를 진행함에 있어 가장 핵심적인 부분은 피징계자가 징
계절차상의 불이익을 받았는지 여부와 그러한 절차상의 불이익이
실체관계에 어떠한 영향을 미쳤는지 입니다. 그런데 사실상 교원인
사위원회의 심의는 징계제청을 위한 사전절차 정도로 규정되어 있
고, 징계사유의 인정이나 징계양정에 영향력을 행사하는 위원회가
아니므로 이 부분 심의를 생략했다 하더라도 곧바로 절차상 위법하
다고 볼 수는 없습니다. 징계절차에 있어서 교원인사위원회의 역할
보다는 징계위원회의 역할이 훨씬 더 중요하기 때문에 징계위원회
에서 충분한 소명 기회가 있었다면 비록 교원인사위원회의 심의를
생략했다 하더라두 ㄱ 징계는 적법하다고 보는 것입니다.

# 03 징계의결요구권자

◆ 핵심포인트

교원에 대한 징계의결요구권자는 당해 교원에 대한 임면권자입니다. 따라서 징계의결의 요구는 사립학교의 경우 임면권자인 이사장이 행하면 됩니다. 다만, 대학교육기관의 경우는 정관으로 교원의 임면권을 총장에게 위임할 수 있으므로 이 경우에는 총장이 징계요구권자가 되어야 합니다. 주의할 것은 총장에게 교원의 임면권이 위임되어 있는데 이사장이 징계의결을 요구하면 이는 위법하다는 것입니다.

법령
- 사립학교법 제64조 (징계의결의 요구)
  사립학교의 교원의 임면권자는 그 소속교원 중에 제61조 제1항의 징계사유에 해당하는 자가 있을 때에는 미리 충분한 조사를 한 후 당해 징계사건을 관할하는 교원징계위원회에 그 징계의결을 요구하여야 한다.
- 사립학교법 제53조 (학교의 장의 임면)
① 각급학교의 장은 당해 학교를 설치·경영하는 학교법인 또는 사립학교경영자가 임면한다.

- 사립학교법 제53조의 2 (학교의 장이 아닌 교원의 임면)
① 각급학교의 교원은 당해 학교법인 또는 사립학교경영자가 임면하되, 디음 각호의 1에 의하여야 한다.
② 대학교육기관의 교원의 임면권은 당해 학교법인의 정관이 정하는 바에 의하여 학교의 장에게 위임할 수 있다.

결정
- 교원소청 2010-155 결정
직위해제 없이 대기발령으로만 적시하였고, 직위해제처분사유설명서를 교부하지 않은 위법이 있고, 임면권자가 아닌 총장이 처분한 것은 무효

◆ advice

징계의결요구 과정에서 이사장이 임면권자임에도 불구하고 총장 명의로 또는 부서장 명의로 징계의결요구서를 작성하여 절차상의 하자가 문제되는 경우가 종종 발생하므로, 항상 정관의 규정을 참조하여 징계의결의 요구는 교원의 임면권자가 하도록 해야 할 것입니다.

# 교육공무원 징계의결요구서 서식

## [별지 제1호서식] 〈신설 1998. 8. 11.〉

### 교육공무원징계의결요구서

| 인적사항 | ① 성명 | 한글 | | ② 소속 | ③ 직위(급) | |
|---|---|---|---|---|---|---|
| | | 한자 | | ④ 주민등록번호 | ⑤ 재직기간 | |
| | ⑥ 주소 | | | | | |
| ⑦ 징계사유 | | | | | | |
| ⑧ 징계의결요구권자의의견 | | | | | | |

교육공무원징계령 제6조의 규정에 의하여 위와 같이 징계의결을 요구합니다.

년　월　일(징계의결요구권자)　　(인)

징계위원회위원장 귀하

25011-04011일

98.6.10 승인

210mm×297mm

(전자복사용지 ; 재활용품)

# 04 해임이나 파면의 징계의결 요구 시 주의점

◆ 핵심 포인트

해임이나 파면으로 징계의결을 요구하는 경우는 반드시 징계의결 요구 이전에 교원인사위원회 심의 및 학교장의 제청을 거쳐 이사회에서 의결을 해야 합니다. 징계의결 요구 시 해임, 파면 등 구체적인 징계양정을 적시하지 않고 중징계 의결을 요구하는 경우는 추후 징계위원회에서 해임 또는 파면의 의결 가능성이 있으므로 이 경우에도 사전에 이사회 의결을 거쳐야 할 것입니다.

법령
- 사립학교법 제54조 (임면에 관한 보고 및 해직등의 요구)
① 각급학교의 교원의 임면권자가 교원을 임면(각급학교의 장으로서 임기만료로 해임된 경우는 제외한다)한 때에는 임면한 날부터 7일 이내에 관할청에 보고하여야 한다.
- 사립학교법시행령 제23조 (교원의 임면보고)
법 제54조 제1항에 따라 교원의 임면보고를 할 때에는 교육부장관이 정하여 고시하는 서식에 따른다. 다만, 고등학교 이하 각급학교 교원의 임면보고는 관할청이 정하여 고시하는 서류를 첨부하게 할 수 있다.
– 사립학교법시행령 제25조 (교원의 징계의결의 요구)
법 제64조의 규정에 의한 사립학교의 교원에 대한 징계의결의 요구서에
는 다음의 서류를 첨부하여야 한다.
2. 징계의 종류와 양을 기재한 서류

판례
– 대법원 2000. 10. 13. 선고 98두8858 판결
○○대학 교원의 임면에 관한 사항은 학교법인 이사회의 심의·의결 사
항인 것으로 규정되어 있지만, 파면·해임 등의 징계에 관하여는 임면권
자인 학교법인이 당해 교원징계위원회에 징계의결을 요구하여 그 결과에
따라 징계를 하여야 하는 것으로 규정되어 있을 뿐 그 징계의결의 요구
에 학교법인 이사회의 심의·의결이 필요한지 여부가 명시적으로 규정되
어 있지 아니하나, 같은 법 제54조 제1항 과 같은법 시행령(1997. 12. 31.
대통령령 제15575호로 개정되기 전의 것) 제23조 제2항에서 관할청에
대한 교원의 임면보고 사항 중에 해임보고를 포함시키는 한편, 당해 해임
이 징계에 의한 것인 경우에는 그 해임보고서에 징계의결서 사본 외에 이
사회 회의록 사본도 첨부하여야 하는 것으로 규정하고 있는 점과 같은법
시행령 제25조 에서 학교법인이 징계의결의 요구를 함에 있어 첨부하여
야 할 서류에 징계의 종류와 양을 기재한 서류를 포함시키고 있는 점, 그
리고 같은 법 제62조 제2항 에서 징계위원회는 학교법인의 이사가 그 위
원의 2분의 1을 초과할 수 없는 것으로 규정함으로써 학교법인의 이사회
와는 그 구성을 달리하도록 규정하고 있는 점 및 국가공무원법 제32조
와 공무원임용령 제2조 및 교육공무원법 제2조 제5항 등 관련 법령의 규
정에서 '임면' 또는 '임용'에는 징계로서 행하여지는 파면·해임도 포함
되는 것으로 정의하고 있는 점 등에 비추어 보면, 사립학교법상 징계로서

행하여지는 파면·해임 역시 교원의 임면에 속하는 것으로서 그에 관한 징계의결의 요구에는 이사회의 심의·의결이 필요한 것으로 풀이된다.

결정
- 교원소청 2008-22 결정
교원의 임면에 해당하는 징계의결 요구 전 선행되어야 할 인사위원회 심의와 이사회 의결을 결여한 이 사건 처분은 임면권자의 자의적이고 주관적인 교원 임면을 배제하고 그 적정성을 확보하려는 사립학교법 제53조의 2 제1항 제1호, 피청구인 정관 제48조(인사위원회 기능) 제1항 제1호에 위배되는 것으로 이 부분 절차상 하자가 있다고 하겠다.

◆ advice

징계의결 요구를 하면서 징계의 양정을 해임이나 파면 또는 중징계로 요구하는 경우라면 사전에 인사위원회와 이사회 의결을 거쳐서 해야 할 것입니다. 언뜻 보면 사전에 이사회 의결을 한다는 것이 상당히 이례적인 것으로 보일 수 있습니다. 그러나 사립학교의 경우 학교법인의 뜻에 따라 징계가 좌지우지 될 여지가 크다는 점을 감안하면, 교원인사위원회와 이사회 의결을 선행시켜 임면권자가 독단적으로 중징계의결을 할 수 없도록 제도적 장치를 마련했다고 이해하면 될 것입니다.

# 05 징계의결요구사유의 통지

◆ 핵심포인트

 교원에 대한 징계의결요구 시 징계의결 요구사유 설명서를 반드시 징계대상자에게 송부해야 하며, 징계의결 요구사유 설명서를 송부하지 않게 되면 그 자체로 교원에 대한 징계는 위법하게 됩니다.

법령

- 사립학교법 제64조의 2
교원의 임면권자는 교원에 대한 징계의결을 요구할 때에는 징계의결요구와 동시에 징계대상자에게 징계사유를 기재한 설명서를 송부하여야 한다.

판례

- 대법원 1993. 6. 25. 선고 92누17426 판결
징계의결요구권자는 징계위원회에 징계의결을 요구함과 동시에 징계사유와 요구하는 징계종류 등을 기재한 공무원징계의결요구서 사본을 징계혐의자에게 송부하도록 되어 있는 바, 이 규정의 취지는 징계혐의자로 하여금 어떠한 사유로 징계에 회부되었는가를 사전에 알게 함으로써 징계위원회에서 그에 대한 방어를 하게 하려는 것으로 징계위원회에 출석하여 진술할 수 있는 권리와 함께 징계혐의자의 방어권 보장을 위한 주

요규정으로서 강행규정이므로 징계의결요구서 사본의 송부 없이 진행된 징계절차는 징계혐의자의 방어권 준비 및 행사에 지장이 없었다거나 징계혐의자가 이의 없이 징계위원회에 출석하여 변명하였다는 등의 특단의 사정이 인정되지 않는 이상 위법하다.

◆ advice

 징계대상자가 징계의결요구사유 설명서의 수령을 거부하는 경우는 징계의결 요구권자로서는 규정에 따른 통보절차만 취하면 되고 더 이상 징계대상자에게 징계의결 요구사유 설명서를 송부하는 절차를 취할 필요는 없습니다.

# 06 징계의결 요구사유 설명서의 기재의 정도

◆ 핵심포인트

징계의결 요구사유 설명서를 송부했다 하더라도 그 기재의 정도가 매우 추상적이어서 징계대상자가 어떠한 사유로 징계에 회부되었는지를 구체적으로 알 수 없다면 절차상의 하자로 징계는 위법하다는 판단을 면할 수 없습니다.

따라서 징계사유는 항상 풀어서 구체적으로 적도록 해야 하며, 가급적 징계사유를 인정하게 된 근거와 적용법규도 함께 적도록 해야 할 것입니다.

---

법령

- 사립학교법 제64조의 2 (징계의결요구사유의 통지)
징계의결요구권자가 제64조의 규정에 의하여 징계의결을 요구할 때에는 징계의결요구와 동시에 징계대상자에게 징계사유를 기재한 설명서를 송부하여야 한다.

결정

- 교원소청 2007-448 결정

사립학교법 제64조(징계의결의 요구), 같은 법 제64조의 2(징계의결사유
의 통지)와 같은 규정들은 교원의 신분보장과 관련된 것으로, 이 규정의
취지는 징계혐의자로 하여금 어떠한 사유로 징계에 회부되었는가를 사전
에 알게 함으로써 징계위원회에서 그에 대한 방어 준비를 하게 하려는 것
으로 징계위원회에 출석하여 진술할 수 있는 권리와 함께 징계혐의자의
방어권 보장을 위한 주요규정으로서, 먼저 징계대상자가 언제, 어떻게, 어
떠한 행위로 징계사유에 해당되는지 등에 대해 충분히 조사하여 구체화
함으로써 쟁점사항을 명확히 하고, 또 이를 징계혐의자에게 송부함으로
써 징계위원회에서 징계혐의자가 자신을 방어할 수 있도록 징계의결요구
서에 징계사유를 구체적으로 기술하여야 한다.

◆ advice

징계의결요구사유 설명서는 징계위원회가 개최되기 전에 송부하
여야 하며 피징계자가 충분한 방어를 할 수 있도록 충분한 시간적
여유를 두고 송부하여야 합니다. 그러나 반드시 징계의결요구와 동
시에 할 필요까지는 없습니다.

◆ 징계사유 기재례

  징계대상자는 ○○과 조교수로 재직 중인 자인 바, 교원은 품위를 유지해야 할 의무가 있음에도 불구하고 ○○○○년 ○○월 ○○일경 학생의 의사에 반하여 ○○○의 어깨에 손을 올리고 포옹을 하는 등 성적수치심을 느끼는 행위를 하였고, ○○○○년 ○○월 ○○일경 학생의 의사에 반하여 손을 잡고 볼에 뽀뽀를 하는 등 위와 같이 2회에 걸쳐 성추행을 한 사실이 있으므로 이는 사립학교법 및 교육공무원법의 규정에 따라 교원으로서의 품위를 손상시킨 행위로써 징계사유에 해당하므로 위 징계대상자에 대하여 징계의결을 요구하는 바입니다.

징계의결 요구의 철회

◆ 핵심포인트

 징계의결요구권자가 교원에 대하여 징계의결을 요구하였다가 그 후 발생된 사정에 의하여 징계의결 전에 징계의결요구를 철회할 수 있는지 문제될 수 있습니다. 징계의결이 있기 전에 당연퇴직 사유가 발생하면 사실상 징계를 진행할 필요성이 없게 되고, 징계사유에 변동이 발생한 경우는 징계의결요구사유를 다시 작성하여 징계의결을 요구할 필요가 있으므로 이 경우 관계법령에서 이를 금지하는 조항이 없다면 가능하다고 보아야 할 것입니다.

법령
- 사립학교법 제64조 (징계의결의 요구)
사립학교의 교원의 임면권자는 그 소속교원중에 제61조제1항의 징계사유에 해당하는 자가 있을 때에는 미리 충분한 조사를 한 후 당해 징계사건을 관할하는 교원징계위원회에 그 징계의결을 요구하여야 한다.

판례
- 대법원 1980. 5. 13. 선고 79누388 판결

징계권자가 경찰관에 대하여 징계요구를 하였다가 이를 철회하고 다시 징계요구를 하여 파면결의를 한 경우 경찰공무원징계령에 이를 금지한 조문이 없으므로 그 징계절차는 적법하다.
- 대법원 1981. 1. 13. 선고 80누28 판결
징계권자가 소속공무원에 대하여 징계요구를 하였다가 이를 철회하고 다시 징계요구를 하는 것에 대하여 본법 및 공무원징계령상 이를 금지한 조항이 없다.

◆ advice

사립학교법에서 징계의결 요구를 철회하고 다시 하는 것에 대하여 이를 금지하는 조항은 없습니다. 또한 징계의결요구를 철회한 후 다시 정상적인 징계절차를 밟아 재징계의결을 요구하더라도 실질적으로 징계대상자에게 불이익한 점이 없다고 보여지므로 이를 금지할 이유는 없어 보입니다.

# 08 교원징계위원회의 구성

◆ 핵심포인트

　교원징계위원회 위원은 당해 학교의 교원 또는 학교법인의 이사 중에서 이사회의 의결을 거쳐 학교법인 또는 사립학교 경영자가 임명하면 됩니다. 징계위원은 5인 이상 9인 이하의 위원으로 구성되며, 학교법인의 경우 당해 학교법인의 이사인 위원의 수가 전체위원의 2분의 1을 초과할 수 없습니다.

법령

- 사립학교법 제62조 (교원징계위원회 설치)

① 사립학교의 교원의 징계사건 및 제54조의 3 제5항 각 호 외의 부분 단서에 따른 교원의 임명에 관한 사항을 심의·의결하기 위하여 그 임면권자의 구분에 따라 학교법인·사립학교경영자 및 당해 학교에 교원징계위원회를 둔다. 다만, 사립유치원 교원의 징계사건은 「교육공무원법」 제50조의 규정에 의하여 설치되는 교육공무원징계위원회에서 심의·의결한다.

② 제1항의 규정에 의한 교원징계위원회는 5인 이상 9인 이하의 위원으로 구성하되, 그 위원은 당해 학교의 교원 또는 학교법인의 이사중에서 당해 학교법인 또는 사립학교경영자가 임명한다. 다만, 학교법인인

경우에는 당해 학교법인의 이사인 위원의 수가 전체위원의 2분의 1을 초과할 수 없다.

결정
- 교원소청 2003-98
결정요지 : 피청구인은 징계대상자와 소속이 다른 학교의 교원인 위 박 모, 문 모, 강 모를 징계위원회 교원위원으로 임명함으로써 사립학교법 제62조 제2항의 규정을 위반한 잘못이 있다 할 것이므로, 징계처분은 위법하게 구성된 징계위원회의 의결에 따른 것으로 그 절차상 하자가 있다 할 것이어서 정직 1월 처분을 취소함.

◆ advice

　교원징계위원회 위원의 임명절차에 하자가 있는 징계위원들로 구성된 교원징계위원회가 의결한 징계처분은 위법하게 됩니다. 따라서 타 학교 교원이 포함되어 있거나 교원 또는 이사가 아닌 자가 징계위원에 포함되어 있는 경우 및 이사회 의결 없이 임명된 징계위원이 포함된 징계절차도 절차상 위법하게 됩니다. 교원소청심사를 진행하게 되면 교원징계위원회 위원의 임명에 관한 자료를 반드시 요구하므로 임명절차에 하자가 없도록 하여야 할 것입니다.

# 09 기피신청

◆ 핵심포인트

　징계대상자는 교원징계위원회 위원이 불공정한 의결을 할 우려가 있다고 인정할 만한 상당한 사유가 있을 때에는 그 사실을 서면으로 소명하고 기피를 신청할 수 있습니다. 징계대상자의 기피신청이 있으면 징계위원회는 의결로서 기피여부를 결정해야 합니다. 의외로 징계처분에 있어 기피신청에 대한 의결절차의 하자로 징계처분 자체가 취소되는 경우가 많이 있으므로 주의해야 할 부분입니다.

법령
- 사립학교법 시행령 제24조의 8 (위원의 기피등)
① 징계대상자는 교원징계위원회 위원이 불공정한 의결을 할 우려가 있다고 인정할만한 상당한 사유가 있을 때에는 그 사실을 서면으로 소명하고 기피를 신청할 수 있다.

판례
- 대법원 1981. 2. 26. 자 81마14 결정

법관기피 신청이 오직 소송의 지연내지 재판의 저해만을 목적으로 하는, 기피권의 남용에 해당하는 경우에는 당해 법관이 이를 각하하는 것도 소송제도의 적정한 운영을 위해 필요하다.

◆ advice

　만약 징계대상자가 오직 징계절차를 지연시켜 징계를 모면하려는 의도로 기피신청을 하는 것이 명백하다고 판단된다면 정상적인 절차에 따라 처리하지 않고 교원징계위원회에서 이를 곧바로 각하처리 한다 하더라도 무방할 것입니다. 그러나 가급적 절차에 따라 기피여부의 결정을 하는 것이 절차상 하자를 예방할 수 있습니다.

# 10 기피신청에 대한 의결

◆ 핵심포인트

징계대상자가 교원징계위원회 위원에 대하여 기피신청을 하면 교원징계위원회는 의결로서 기피여부의 결정을 해야 합니다. 이 경우 기피신청을 받은 자는 그 의결에 참여하지 못합니다. 수인의 교원징계위원회 위원에 대한 기피신청이 있는 경우 공통의 원인에 기인하지 않는 경우 기피신청을 당한 위원은 자신에 해당하는 기피의결에만 참여할 수 없을 뿐이며 다른 기피의결에는 참여할 수 있습니다. 기피의결은 의사에 관한 일반관례에 따라 재적위원 과반수의 출석과 출석위원 과반수의 찬성으로 의결하면 될 것입니다.

법령
- 사립학교법 시행령 제24조의 8 (위원의 기피등)
② 제1항의 규정에 의한 기피신청이 있는 때에는 위원회의 의결로 기피여부를 결정하여야 한다. 이 경우 기피 신청을 받은 자는 그 의결에 참여하지 못한다.
③ 법 제63조의 규정에 의한 제척 또는 제1항의 규정에 의한 기피로 교원징계위원회의 출석위원이 재적위원의 3분의 2에 미달되어 징계사건을

심리할 수 없게 된 때에는 교원징계위원회의 위원장은 위원의 수가 재적위원수의 3분의 2 이상이 될 수 있도록 위원의 임명권자에게 임시위원의 임명을 요청하여야 한다.

판례

- 대법원 1999. 4. 27. 선고 98다42547 판결

기피의결에 참여할 자격이 없는 위원이 기피의결에 참여하였으나 그 무자격 위원을 제외하고도 의결정족수가 충족되는 경우라 하더라도 그 기피의결은 무효라고 볼 것이다.

- 대법원 1999. 4. 27. 선고 98다42547 판결

사립학교법시행령상 기피의결의 정족수에 관하여는 아무런 규정이 없고, 사립학교법 제66조 제3항 은 "제1항의 징계의결은 재적위원 3분의 2 이상의 출석과 재적위원 과반수의 찬성으로 행하여야 한다."고 규정하고 있는바, 같은 법 제66조 제3항에서의 제1항의 징계의결이라 함은 징계사건의 심리 결과 징계처분 자체에 관하여 하는 의결만을 의미하는 것이므로, 기피의결에 관하여는 같은 법 제66조 제3항의 징계의결의 정족수에 관한 규정을 적용할 수 없고 의사(議事)에 관한 일반 관례에 의하여 재적위원 과반수의 출석과 출석위원 과반수의 찬성으로 할 수 있다고 보아야 한다.

◆ advice

기피신청대상자는 의사정족수 산정을 위한 출석위원에는 포함되므로 기피의결을 함에 있어 교원징계위원회 재적위원 과반수 출석 여부를 산정함에 있어서는 기피대상자를 포함하여야 할 것입니다

(대법원 1991. 5. 28. 선고 90다20084 판결). 또한 징계대상자가 4명의 위원에 대하여 기피신청을 하였는데 2명씩 기피사유가 다르다면 2명의 위원에 대한 기피여부의 의결 시 나머지 2명은 참여할 수 있습니다.

# 11 사립학교법 시행령 제24조의 8 제3항의 해석

◆ 핵심포인트

사립학교법 시행령 제24조의 8 제3항에서는 기피신청으로 인하여 교원징계위원회 출석위원이 재적위원의 3분의 2에 미달되어 징계사건을 심리할 수 없게 된 때에는 위원의 임명권자에게 재적위원 3분의 2가 될 수 있도록 임시위원의 임명을 요청하도록 규정하고 있습니다.

이 규정을 오해하여 교원징계위원회 징계위원 수인에 대하여 기피신청이 있는 경우 그 기피여부의 의결을 함에 있어서 재적위원 3분의 2가 필요한 것으로 보고 임명권자에게 임시위원의 임명을 요청하여 그 임시위원이 참여하여 기피의결을 하거나 징계의결에 참여하면 절차상의 위법사유가 발생할 수 있으므로 주의하여야 합니다.

위 규정의 취지는 위원에 대한 기피의결 결과 출석위원이 재적위원의 3분의 2에 미달되는 경우 징계위원수가 재적위원수의 3분의 2 이상이 될 수 있도록 임시위원을 임명하여야 하는 것을 규정한 것으로 보아야 합니다.

법령

- 사립학교법 시행령 제24조의 8 제3항

법 제63조의 규정에 의한 제척 또는 제1항이 규정에 의한 기피로 교원징계위원회의 출석위원이 재적위원의 3분의 2에 미달되어 징계사건을 심리할 수 없게 된 때에는 교원징계위원회의 위원장은 위원의 수가 재적위원수의 3분의 2 이상이 될 수 있도록 위원의 임명권자에게 임시위원의 임명을 요청하여야 한다.

판례

- 대법원 1999. 4. 27. 선고 98다42547 판결

사립학교법시행령 제24조의 6 제3항에서 제1항의 규정에 의한 기피로 징계위원회의 출석위원이 재적위원의 3분의 2에 미달될 경우라 함은 같은 조 제1항 및 제2항의 규정 내용과 함께 보면 기피신청이 있는 때에는 위원회의 의결로 그 징계위원회 위원이 불공정한 의결을 할 우려가 있다고 인정할 만한 상당한 사유가 있는지의 여부에 관하여 결정을 하고 그 기피의결 결과로 출석위원이 재적위원의 3분의 2에 미달되는 경우 징계위원수가 재적위원수의 3분의 2 이상이 될 수 있도록 임시위원을 임명하여야 한다는 것을 규정한 것이고, 이와 달리 이를 단순히 제1항의 기피신청이 있을 때라고 보아 기피신청으로 인하여 징계위원수가 재적위원의 3분의 2에 미달될 때에는 3분의 2 이상이 될 수 있도록 임시위원을 임명하여야 하는 것은 아니다.

◆ advice

　기피의결에 관한 정족수와 징계의결에 관한 정족수를 구별하고
여러 위원에 대한 기피신청이 있더라도 기피의결을 함에 있어서는
당해 기피사유에 해당하는 위원을 제외한 나머지 위원을 포함해도
된다는 점을 주지하여야 할 것입니다.

# 12 교원징계위원회 소명기회

◆ 핵심포인트

　교원징계위원회는 징계사건을 심리함에 있어서 징계요구서에 기재된 혐의사실이 진실인지 여부를 확인하는 절차를 거쳐야 합니다. 이러한 확인절차를 위하여 반드시 징계대상자로 하여금 충분한 소명을 할 수 있는 기회를 부여해야 합니다. 만약 이러한 소명절차를 생략하고 징계의결을 하게 되면 그 징계의결은 위법하게 됩니다. 소명기회는 징계절차에 있어서 가장 중요한 부분이므로 반드시 적법한 절차에 따라 교원에게 소명의 기회를 부여해야 합니다.

법령
- 사립학교법 제65조 제1항
교원징계위원회는 징계사건을 심리함에 있어서 진상을 조사하여야 하며, 징계의결을 행하기 전에 본인의 진술을 들어야 한다. 다만, 2회 이상 서면으로 소환하여도 불응한 때에는 예외로 한다.

판례
- 대법원 1998. 8. 21. 96누12320 판결

사립학교법 제65조 제1항 이 징계위원회는 징계의결을 행하기 전에 본인의 진술을 들어야 한다고 규정한 취지는 사립학교 교원에 대한 징계절차에 있어 징계대상 교원으로 하여금 징계혐의사실에 대한 변명을 위하여 징계위원회에 출석하여 자신에게 이익 되는 진술을 할 수 있는 기회를 주어 방어권을 보장하기 위한 것으로 해석된다.

◆ advice

만약, 소명자료를 준비할 상당한 시간적 여유를 주지 않고 통보하였다면 이 또한 실질적인 소명기회를 부여하지 않은 것으로 보아 위법하다는 판단이 가능합니다. 따라서 소명기회는 적어도 2주 이상의 기간을 허여하여 충분한 소명을 할 수 있도록 해야 할 것입니다. 그러나 상당한 시간적 여유를 주지 않고 통보했다 하더라도 피징계자가 출석하여 이에 대해 아무런 이의를 제기하지 아니하고 충분한 소명을 했다면 그 징계절차의 하자는 치유된 것으로 볼 수 있습니다.

# 13 출석통지서의 수령 여부를 반드시 확인

◆ 핵심포인트

　징계절차에서 교원징계위원회의 출석통보서를 징계대상자가 수령하였는지 여부를 반드시 확인해 놓아야 합니다. 추후 징계대상자가 출석통보서를 수령하지 않았다고 할 경우 수령여부가 불분명하면 그 불이익은 학교로 돌아가기 때문입니다. 따라서 가급적 출석통보서는 내용증명 우편을 이용하거나 또는 직접 건네주고 수령증을 받아 놓는 것이 좋습니다.

법령
- 사립학교법 제65조 제1항
교원징계위원회는 징계사건을 심리함에 있어서 진상을 조사하여야 하며, 징계의결을 행하기 전에 본인의 진술을 들어야 한다. 다만, 2회 이상 서면으로 소환하여도 불응한 때에는 예외로 한다.

판례
- 대법원 1992. 7. 14. 선고 91누9961 판결
출석통지는 소정의 서면에 의하지 아니하더라도 구두, 전화 또는 전언 등

의 방법에 의하여 징계혐의자에게 전달되었으면 출석통지로 족하다.

결정
- 교원소청 2007-363
피청구인이 세 번에 걸쳐 출석통지서를 보냈다는 데 대해 청구인이 이를
받았다고 확인된 근거도 없으며, 증인심문신청서 또한 청구인이 그 기간
동안 국외 자율연수중이므로 직접 작성한 것이 아닌 것으로 보이므로 피청
구인이 청구인에 대해 징계위원회 출석통지를 1회만 한 것이라 할 것이고,
이 또한 징계위원회가 개최되기 불과 2일 전에야 청구인에게 통보한 것은
피청구인이 징계를 하면서 교육공무원징계령 제8조(징계혐의자 출석) 제1
항과 제4항에 정한 절차를 이행하지 않은 하자가 있다고 할 것이다.

◆ advice

간혹 피징계자가 수감되어 있는 경우가 있는데 이 경우에는 수감
되어 있는 구치소 또는 교도소에 우편을 통해 통보를 하면 될 것이
고, 정확한 주소를 알 수 없다면 가족 등을 통해 출석통지 사실을
알려야 합니다. 참고로 교육공무원징계령 제8조 제5항은 '징계혐
의자가 해외체재·형사사건으로 인한 구속·여행 기타 사유로 징계
의결요구서 접수일부터 50일 이내에 출석할 수 없는 때에는 서면
에 의하여 진술하게 하여 징계의결을 할 수 있다. 이 경우에 서면에
의하여 진술하지 아니할 때에는 그 진술 없이 징계의결을 할 수 있
다.'라고 규정하고 있으므로 참고할 수 있을 것입니다.

# 교육공무원 출석통지서 서식

## [별지 제3호서식] 〈신설 1998. 8. 11.〉

## 출석통지서

| 인<br>적<br>사<br>항 | ① 성명 | 한글 | | ② 소속 | | |
|---|---|---|---|---|---|---|
| | | 한자 | | ③ 직위 | | |
| | ④ 주소 | | | | | |
| ⑤ 출석이유 | | | | | | |
| ⑥ 출석일시 | | 년    월    일    시    분 | | | | |
| ⑦ 출석장소 | | | | | | |
| 유의사항 | | 1. 진술을 위한 출석을 원하지 아니하는 때에는 아래의 진술권 포기서를 즉시 제출할 것<br>2. 사정에 의하여 서면진술을 하고자 하는 때에는 징계위원회 개최일의 전일까지 도착하도록 진술서를 제출할 것<br>3. 정당한 사유서를 제출하지 아니하고 지정된 일시에 출석하지 아니하며, 서면진술서도 제출하지 아니하는 경우에는 진술할 의사가 없는 것으로 인정·처리함 | | | | |
| 교육공무원징계령 제8조의 규정에 의하여 위와 같이 귀하의 출석을 통지합니다.<br>년    월    일<br>징계위원회위원장                        □<br>귀하 | | | | | | |

- - - - - - - - - - - - (절 취 선) - - - - - - - - - - - - -

## 진술권포기서

| 인<br>적<br>사<br>항 | ① 성명 | 한글 | | ② 소속 | | |
|---|---|---|---|---|---|---|
| | | 한자 | | ③ 직위(급) | | |
| | ④ 주소 | | | | | |
| 본인의 귀 징계위원회에 출석하여 진술하는 것을 포기합니다. | | | | | | |
| 년    월    일<br>성명                        □<br>징계위원회위원장      귀하 | | | | | | |

25011-04011임                                            210mm×297mm

98.6.10 승인                                        (전자복사용지 ; 재활용품)

**교원징계위원회 진술권의 포기**

◆ 핵심포인트

　징계대상자로 하여금 징계위원회에 출석하여 소명할 수 있는 기회를 주는 것은 징계절차에 있어서 가장 중요한 부분입니다. 그러나 징계혐의자가 2회 이상 서면으로 소환하여도 출석에 불응한 경우는 진술권을 포기한 것으로 보고 진술을 듣지 않고 징계의결을 할 수 있습니다. 여기서 주의할 것은 출석통지서를 수령하고 2회이상 서면소환에 불응하여야 하므로 출석통지서를 수령하지 않은 경우, 1회 소환에 불응한 경우는 이에 해당하지 않는다는 것입니다. 사립학교법에 규정은 없으나 교육공무원징계령 제8조 제5항을 유추하여 징계혐의자가 해외 체재, 형사사건으로 인한 구속, 여행 기타의 사유로 징계의결서 접수일로부터 50일 이내에 출석할 수 없을 때에는 서면에 의하여 진술하게 하여 징계의결 할 수 있다고 볼 것입니다. 물론 서면진술도 하지 않는 경우는 진술 없이 징계의결을 할 수 있습니다.

법령
- 사립학교법 제65조 (진상조사 및 의견의 개진)
① 교원징계위원회는 징계사건을 심리함에 있어서 진상을 조사하여야 하며, 징계의결을 행하기 전에 본인의 진술을 들어야 한다. 다만, 2회 이상 서면으로 소환하여도 불응한 때에는 예외로 한다.
- 교육공무원징계령 제8조 (징계혐의자의 출석)
⑤ 징계혐의자가 해외체재·형사사건으로 인한 구속·여행 기타 사유로 징계의결요구서 접수일부터 50일 이내에 출석할 수 없는 때에는 서면에 의하여 진술하게 하여 징계의결을 할 수 있다. 이 경우에 서면에 의하여 진술하지 아니할 때에는 그 진술 없이 징계의결을 할 수 있다.

판례
- 대법원 1993. 5. 25. 선고 92누8699 판결
징계혐의자들이 출석통지서 송달 당시 가족들과 동거하지 아니하고 주소지나 본가에서 행방이 알려져 있지도 아니하였던 점 등에 비추어 징계혐의자들에 대한 징계위원회 출석통지는 이를 수령한 가족들이 실제로 그 취지를 징계혐의자 본인들에게 전달하였다는 등 특별한 사정이 없는 한 적법하게 이루어졌다고 할 수 없고, 징계혐의자들이 1차 출석통지서를 수령한 후 행방을 알 수 없게 되었다거나 가족들이 출석통지서의 수령을 거부하였다는 등의 사정만으로 징계혐의자들이 차후 출석통지서의 수령을 거부하였다고 보기 어렵다.

◆ advice

징계위원회에 출석할 기회를 2회 이상 부여하면 되므로 반드시 출석통지서를 2회 이상 송달해야 하는 것은 아니며, 미리 해당 교원이 1차 교원징계위원회에 불출석할 것을 예상하고 1차와 2차 교원징계위원회 일시를 동시에 송달해도 무방할 것입니다. 다만 1차와 2차 징계위원회 개최 일자는 소명할 수 있는 시간적 간격을 두고 정하면 될 것입니다.

# 15 징계사유의 추가

◆ 핵심포인트

　징계의결요구권자는 징계의결 요구서를 제출한 후 새로운 비위사실이 드러난 경우 징계의결요구를 철회하고 다시 징계의결을 요구하거나 아니면 새로운 비위사실을 기존의 징계사유에 대한 의결 전에 추가하여 징계의결요구 할 수 있습니다. 그러나 징계의결이 요구된 후 징계의결요구 절차 없이 징계의결 과정에서 새로운 사유를 추가하여 징계의결을 할 수는 없습니다. 이는 사전에 징계대상자로 하여금 방어권을 충분히 보장하지 않았다고 보기 때문입니다. 즉, 사전에 징계의결요구사유 설명서를 통해서 징계대상자에게 징계사유를 알려주고 이에 대하여 방어할 기회를 부여하면 절차상의 문제가 없으나, 이러한 과정을 생략하고 징계의결 과정에서 새로운 사유를 추가하여 징계를 하면 위법하다는 것입니다.

판례
- 대법원 1984. 9. 25. 선고 84누299 판결
국가공무원징계위원회는 징계의결요구권자에 의하여 징계의결이 요구된

징계사유 아닌 사유를 들어 징계의결을 할 수는 없으나 징계의결 요구 시까지의 무단결근을 징계사유로 한 징계의결요구가 있는 경우 그 무단결근이 징계의결을 할 때까지 계속되고 있었다면 소관 징계위원회가 최초에 요구된 일수보다 많은 무단결근일수를 징계의결사항으로 하였다하여도 이는 무단결근이라는 기초사실의 동일성에 변함이 없고 또 원고들의 방어권행사에 무슨 지장을 주는 것이 아니므로 징계요구 없는 사항에 대한 것이라고 할 수는 없다.

결정
- 교원소청 2011-215
징계의결요구사유 설명서에 기재되지 아니한 징계사유를 추가하여 징계의결한 것 및 징계처분사유설명서에 구체적 사실관계를 적시하지 아니한 것은 사립학교법에서 규정한 징계절차를 준수하지 아니한 위법이 있음

◆ advice

징계절차에서 가장 중요한 것은 징계대상자에게 충분한 소명의 기회와 방어의 기회를 부여했는지 여부입니다. 따라서 징계사유를 추가하는 과정에서 사전에 새로운 징계사유를 통보하고 충분한 방어의 기회를 부여했다면 이러한 징계절차는 적법한 것으로 볼 수 있는 것입니다.

# 16 징계의결의 정족수

◆ 핵심포인트

  교원징계위원회는 재적위원 3분의 2 이상의 출석과 재적위원 과반수의 찬성으로 징계의결을 하면 됩니다. 그런데 이 과정에서 회피를 한 위원이나, 교원징계위원회에서 징계대상자의 진술을 청취하지 않은 위원이 참여하여 징계의결을 하게 되면 비록 의결정족수가 충족된다 하더라도 위법하게 됩니다.

법령

- 사립학교법 제66조 제3항
교원징계위원회는 재적위원 3분의 2 이상의 출석과 재적위원 과반수의 찬성으로 징계의결을 하여야 합니다.

결정

- 교원소청 2007-618
회피의사를 밝히고 징계의결에 참여하지 않은 김모 위원은 교원징계위원회에 출석하였다고 할 수 없어 재적위원 5명 중 3명 만이 출석했다 할 것이고, 재적위원 3분의 2 이상이 출석하지 아니한 채 이루어진 징계의결에

따라 청구인을 징계처분 한 것은 사립학교법 제66조 제3항에 위배된다
할 것이다.

◆ advice

징계의결의 정족수 문제는 단순히 징계위원의 숫자에 있는 것이
아니라 적법한 징계위원으로서의 자격이 있는지 여부가 문제될 수
있으므로 항상 이 부분에 주의하여야 합니다.

**17** ## 진술을 청취하지 않은 위원이 참여한 징계의결

◆ 핵심포인트

　진술을 청취하지 않은 징계위원이 징계의결 과정에 참석하여 징계의결이 이루어졌다면 이는 당해 위원이 다른 위원의 판단에 큰 영향을 미칠 가능성이 있다는 점에서 절차상 위법사유가 됩니다. 이러한 상황은 징계위원회가 여러 번에 걸쳐 이루어지는 경우 특정 징계위원이 징계대상자가 출석하여 소명하는 기일에 참석하지 않고 그 다음에 열리는 징계위원회의 징계의결에 관여하는 경우에 발생하게 되므로 이런 경우는 주의하여야 할 것입니다.

법령

- 사립학교법 제66조 제3항
교원징계위원회는 재적위원 3분의 2 이상의 출석과 재적위원 과반수의
찬성으로 징계의결을 하여야 합니다.

결정

- 교원소청 2008-22

교원징계위원회에서 청구인의 진술을 청취하지 아니한 위원이 참여하여 징계의결을 한 것은, 진술청취를 결한 위원들을 제외하고서도 의결정족수가 충족된다고 하더라도 교원징계위원회의 심의·의결 과정에서 위원 1명의 의견이 다른 위원들의 판단에 큰 영향을 미칠 수 있는 점을 고려해 볼 때, 이 부분은 사립학교법 제65조 제1항을 위반한 절차상 하자가 있다고 하겠다.

◆ advice

징계의결 과정에서 피징계자의 출석 진술을 청취하지 않은 자가 징계의결에 참여하는 경우가 있는데 이 경우 절차상의 위법사유로 보기 때문에 징계위원은 가급적 징계대상자가 출석하여 소명하는 기일에는 참석하여 소명사실을 청취해야 할 것이며, 부득이 진술을 청취하지 못한 경우는 징계의결 과정에 참여하지 말아야 할 것입니다.

# 18 징계의결 기한


◆ 핵심포인트

교원징계위원회가 징계의결요구를 받은 때에는 그 요구서를 받은 날로부터 60일 이내에 징계에 관한 의결을 하여야 합니다. 다만, 부득이한 사유가 있을 때에는 당해 교원징계위원회의 의결로 30일의 범위 안에서 1차에 한하여 그 기한을 연장할 수 있습니다. 이 규정은 훈시적 규정이므로 부득이한 사유 없이 징계의결을 요구 받은 때로부터 기산되는 징계의결의 기한을 도과하여 징계의결을 하였다 하여 그 징계의결이 곧바로 무효가 되는 것은 아닙니다.

법령
- 사립학교법시행령 제24조의 6
교원징계위원회가 징계의결요구를 받은 때에는 그 요구서를 받은 날로부터 60일 이내에 징계에 관한 의결을 하여야 한다. 다만, 부득이한 사유가 있을 때에는 당해 징계위원회의 의결로 30일의 범위 안에서 1차에 한하여 그 기한을 연장할 수 있다.

◆ advice

 징계의결의 기한을 정한 규정이 훈시적 규정이라 하더라도 부득이한 사유 없이 지나치게 오랜 기간 동안 징계의결을 하지 않는다면 징계대상자로 하여금 불안정한 상태에 오래 빠지게 하는 것이므로 이는 추후 징계의 전반적인 평가에 있어서 학교측이 특정한 의도 하에 무리한 징계가 이루어졌다는 등의 인상을 남길 수 있으므로 가급적 법에서 정한 기한 내에 징계의결을 하도록 해야 합니다.

# 19 징계의결서의 통보

◆ 핵심포인트

　교원징계위원회에서 징계심리를 통해 징계의결을 한 경우 그 주
문과 이유를 기재한 징계의결서를 작성하고 이를 임명권자에게 통
고하여야 합니다. 징계의결서의 이유란에는 징계의 원인된 사실,
증거의 판단, 적용된 관계 법령을 구체적으로 명시하여야 합니다.
임명권자는 징계의결의 사유를 기재한 결정서를 징계대상자에게
통보하여야 합니다.

법령

- 사립학교법 제66조 제1항, 제2항

① 교원징계위원회는 징계사건을 심리한 결과 징계를 의결한 때에는 주
　문과 이유를 기록한 징계의결서를 작성하고 이를 임명권자에게 통고
　하여야 한다.

② 임명권자가 제1항의 통고를 받은 때에는 그 통고를 받은 날로부터 15
　일 이내에 그 의결내용에 따라 징계처분을 하여야 한다. 이 경우에 있
　어서 임명권자는 징계처분의 사유를 기재한 결정서를 당해 교원에게
　교부하여야 한다.

- 대법원 1993. 9. 10. 선고 93누5741 판결
사립학교법시행령 제26조에서 징계의결서의 이유에 증거의 판단과 적용
법령을 명시하도록 한 취지는 피징계자로 하여금 어떠한 근거에서 징계
가 이루어졌는지를 알 수 있도록 하여 줌으로써 징계의 공정을 기하고 그
로 하여금 불복할 수 있는 쟁점을 밝혀 주고자 하는 데 있는 것으로 보여
지는 점에 비추어, 그 설시의 정도는 그러한 목적을 달성할 수 있는 범위
내에서 징계사유로 된 사실관계와 이에 해당하는 의무위반의 사유가 무
엇인지를 인식할 수 있을 정도로 적시하면 족하고 모든 증거와 적용법령
을 구체적으로 일일이 나열하여야 할 것은 아니다.

◆ advice

  징계의결서를 간소화하여 간략하게 작성할 필요는 없습니다. 구
체적 징계사실과 그러한 징계를 하게 된 증거판단 및 법령을 적시
하여 징계대상자가 자신의 징계사유를 구체적으로 파악할 수 있도
록 해야 합니다.

# 교육공무원 징계의결서 서식

## [별지 제4호서식] 〈신설 1998. 8. 11.〉

## 징계의결서

| 징계혐의자<br>인적사항 | ① 소속 | ② 직위(급) | ③ 성명 |
|---|---|---|---|
|  |  |  |  |
| ④ 의결주문 |  |  |  |
| ⑤ 이유 |  |  |  |

년  월  일

징계위원회위원장

위원장          □

위 원          □

위 원          □

위 원          □

위 원          □

위 원          □

위 원          □

간 사          □

25011-04011일                                    210mm×297mm

98.6.10 승인                              (전자복사용지 ; 재활용품)

# 20 징계양정

◆ 핵심포인트

징계의 양정은 교원징계위원회 고유권한으로 재량적 행위입니다. 교원징계위원회는 징계의결을 함에 있어 징계의결요구권자의 의견에 기속되지 않고 이를 참고하면 됩니다. 따라서 정직 3월의 징계요구에 해임의결도 가능하며, 해임의 징계요구에 대하여 견책의 의결도 가능한 것입니다. 다만 징계양정은 사회통념상 타당하고, 비위행위와 징계가 균형을 이루고 일반적 기준에 부합해야 합니다.

법령
- 사립학교법 제66조 (징계의결)
① 교원징계위원회는 징계사건을 심리한 결과 징계를 의결한 때에는 주문과 이유를 기록한 징계의결서를 작성하고 이를 임명권자에게 통고하여야 한다.
② 임명권자가 제1항의 통고를 받은 때에는 그 통고를 받은 날로부터 15일 이내에 그 의결내용에 따라 징계처분을 하여야 한다. 이 경우에 있어서 임명권자는 징계처분의 사유를 기재한 결정서를 당해 교원에게 교부하여야 한다. [개정 99·8·31]
③ 제1항의 징계의결은 재적위원 3분의 2 이상의 출석과 재적위원 과반

수의 찬성으로 행하여야 한다.

판례

- 대법원 1985. 1. 29. 선고 84누516 판결

징계권의 행사가 임용권자의 재량에 맡겨진 것이라고 하여도 공익적 목적을 위하여 징계권을 행사하여야 할 공익의 원칙에 반하거나 일반적으로 징계사유로 삼은 비행의 정도에 비하여 균형을 잃은 과중한 징계처분을 선택함으로써 이른바 비례의 원칙에 위반하거나 또는 합리적인 사유 없이 같은 정도의 비행에 대하여 일반적으로 적용하여온 기준과 어긋나게 공평을 잃은 징계처분을 선택함으로써 이른바 평등의 원칙에 위반한 경우에 이러한 징계처분은 재량권의 한계를 벗어난 처분으로서 위법하다.

- 대법원 1996. 4. 23. 선고 96다2378 판결

징계처분 이후의 비위행위라 하더라도 그것이 사회통념상 근로계약관계를 계속 시킬 수 없을 정도의 비위행위에 해당하는 경우에는, 그러한 비위행위도 징계양정의 판단자료로 삼을 수 있다

◆ advice

징계사건의 대부분은 징계양정이 지나치다는 것을 이유로 하여 소청을 제기하거나 소송을 제기하는 것입니다. 사립학교의 경우 징계를 함에 있어서 상당부분 재량이 허용된다고 볼 것이나, 통상적인 범위를 벗어난 징계를 하거나, 또는 징계과정에서 징계사유 외에 다른 사유가 작용했다고 보여지는 경우 그 징계는 위법하다는 판단을 받을 수 있으므로 주의하여야 합니다.

# 교육공무원 징계양정 등에 관한 규칙
## [별표] 〈개정 2022. 12. 12.〉
### 징계기준(제2조 제1항 관련)

| 비위의 유형 \ 비위의 정도 및 과실 | 비위의 정도가 심하고 고의가 있는 경우 | 비위의 정도가 심하고 중과실인 경우 또는 비위의 정도가 약하고 고의가 있는 경우 | 비위의 정도가 심하고 경과실인 경우 또는 비위의 정도가 약하고 중과실인 경우 | 비위의 정도가 약하고 경과실인 경우 |
|---|---|---|---|---|
| **1. 성실의무 위반** | | | | |
| 가. 공금횡령·유용, 업무상 배임 | 파면 | 파면-해임 | 해임-강등 | 정직-감봉 |
| 나. 직권남용으로 다른 사람의 권리 침해 | 파면 | 해임 | 강등-정직 | 감봉 |
| 다. 부작위 또는 직무태만, 소극행정 또는 회계질서 문란 | 파면 | 해임 | 강등-정직 | 감봉-견책 |
| 라. 시험문제를 유출하거나 학생의 성적을 조작하는 등 학생 성적과 관련한 비위 및 학교생활기록부 허위사실 기재 또는 부당 정정 등 학교생활기록부와 관련한 비위 | 파면 | 해임 | 해임-강등-정직 | 감봉-견책 |
| 마. 신규채용, 특별채용, 승진, 전직, 전보 등 인사와 관련한 비위 | 파면 | 해임 | 해임-강등-정직 | 감봉-견책 |
| 바. 「학교폭력예방 및 대책에 관한 법률」에 따른 학교폭력을 고의적으로 은폐하거나 대응하지 아니한 경우 | 파면 | 해임 | 해임-강등-정직 | 감봉-견책 |
| 사. 연구부정행위 | 파면 | 해임 | 해임-강등-정직 | 감봉-견책 |
| 아. 연구비의 부당 수령 및 부정 사용 등 연구비의 수령 및 사용과 관련한 비위 | 파면 | 파면-해임 | 해임-강등 | 정직-감봉 |
| 자. 소속 기관 내의 「교육공무원법」 제52조 각 호의 어느 하나에 해당하는 성 관련 비위를 고의로 은폐하거나 대응하지 않은 경우 | 파면 | 해임 | 해임-강등-정직 | 감봉-견책 |
| 차. 「국가공무원법」 제78조의 2 제1항 각 호의 어느 하나 또는 「지방공무원법」 제69조의 2 제1항 각 호의 어느 하나에 해당하는 비위를 신고하지 않거나 고발하지 않은 행위 | 파면-해임 | 강등-정직 | 정직-감봉 | 감봉-견책 |
| 카. 부정청탁에 따른 직무수행 | 파면 | 파면-해임 | 강등-정직 | 정직-감봉 |
| 타. 부정청탁 | 파면 | 해임-강등 | 정직-감봉 | 견책 |
| 파. 성과상여금을 거짓이나 부정한 방법으로 지급받은 경우 | 파면-해임 | 강등-정직 | 정직-감봉 | 감봉-견책 |
| 하. 초과근무수당 또는 여비를 거짓이나 부정한 방법으로 지급받은 경우 | 비고 제5호의 2에 따름 | | | |
| 거. 직무상 비밀 또는 미공개정보를 이용한 부당행위 | 파면 | 파면-해임 | 강등-정직 | 견책 |
| 너. 그 밖의 성실의무 위반 | 파면-해임 | 강등-정직 | 감봉 | 감봉-견책 |
| **2. 복종의무 위반** | | | | |
| 가. 지시사항 불이행으로 업무 추진에 중대한 차질을 준 경우 | 파면 | 해임 | 강등-정직 | 감봉-견책 |
| 나. 그 밖의 복종의무 위반 | 파면-해임 | 강등-정직 | 감봉 | 견책 |
| **3. 직장 이탈 금지 위반** | | | | |
| 가. 집단 행위를 위한 직장 이탈 | 파면 | 해임 | 강등-정직 | 감봉-견책 |
| 나. 무단결근 | 파면 | 해임-강등 | 정직-감봉 | 견책 |
| 다. 그 밖의 직장 이탈 금지 위반 | 파면-해임 | 강등-정직 | 감봉 | 견책 |
| **4. 친절·공정의무 위반** | 파면-해임 | 강등-정직 | 감봉 | 견책 |
| **5. 비밀 엄수의무 위반** | | | | |
| 가. 비밀의 누설·유출 | 파면 | 파면-해임 | 강등-정직 | 감봉-견책 |
| 나. 비밀 분실 또는 해킹 등에 의한 비밀 침해 및 비밀 유기 또는 무단 방치 | 파면-해임 | 강등-정직 | 정직-감봉 | 감봉-견책 |

| 비위의 정도 및 과실 여부 | | | | |
|---|---|---|---|---|
| 다. 개인정보 부정 이용 및 무단 유출 | 파면-해임 | 해임-강등 | 정직 | 감봉-견책 |
| 라. 개인정보의 무단 조회·열람 및 관리 소홀 등 | 파면-해임 | 강등-정직 | 감봉 | 견책 |
| 마. 그 밖에 보안관계 법령 위반 | 파면-해임 | 강등-정직 | 감봉 | 견책 |
| 6. 청렴의무 위반 | 비고 제6호에 따름 | | | |
| 7. 품위유지의무 위반 | | | | |
| 가. 성희롱 | 파면 | 파면-해임 | 강등-정직 | 감봉-견책 |
| 나. 미성년자 또는 장애인에 대한 성희롱 | 파면 | 파면-해임 | 해임-강등 | 강등-정직 |
| 다. 성매매 | 파면 | 파면-해임 | 해임-강등 | 강등-정직 |
| 라. 미성년자 또는 장애인에 대한 성매매 | 파면 | 파면 | 파면-해임 | 해임 |
| 마. 성폭력 | 파면 | 파면 | 파면-해임 | 해임 |
| 바. 미성년자 또는 장애인에 대한 성폭력 | 파면 | 파면 | 파면 | 파면-해임 |
| 사. 공연음란 행위 | 파면 | 파면-해임 | 강등-정직 | 감봉 |
| 아. 미성년자 또는 장애인에대한 공연음란 행위 | 파면 | 파면-해임 | 해임-강등 | 강등-정직 |
| 자. 카메라 등을 이용한 불법촬영 또는 불법촬영물 유포 | 파면 | 파면-해임 | 해임-강등-정직 | 감봉 |
| 차. 통신매체를 이용한 음란행위 | 파면 | 파면-해임 | 해임-강등-정직 | 감봉 |
| 카.「교육공무원법」제52조 각 호의 어느 하나에 해당하는 성 관련 비위의 피해자에게 2차 피해를 입힌 경우 | 파면 | 해임 | 해임-강등-정직 | 감봉-견책 |
| 타.「교육공무원법」제52조 각 호의 어느 하나에 해당하는 성 관련 비위를 신고한 사람에게 피해(신고자 신상정보의 유출, 신고자에 대한 폭행·폭언, 그 밖에 신고자의 의사에 반하는 일체의 불리한 처우를 말한다)를 입힌 경우 | 파면 | 해임 | 해임-강등-정직 | 감봉-견책 |
| 파. 가목부터 카목까지에서 규정한 사항 외의 성 관련 비위 | 파면 | 해임 | 해임-강등-정직 | 감봉-견책 |
| 하. 학생에 대한 신체적·정신적·정서적 폭력 행위 | 파면-해임 | 해임-강등 | 강등-정직 | 감봉-견책 |
| 거. 음주운전 | 비고 제5호의 2에 따름 | | | |
| 너. 그 밖의 품위유지의무 위반 | 파면-해임 | 강등-정직 | 감봉 | 견책 |
| 8. 영리 업무 및 겸직 금지 의무 위반 | 파면-해임 | 강등-정직 | 감봉 | 견책 |
| 9. 정치운동 금지 위반 | 파면 | 해임 | 강등-정직 | 감봉-견책 |
| 10. 집단 행위 금지 위반 | 파면 | 해임 | 강등-정직 | 감봉-견책 |

비고
1. 제1호다목에서 "부작위"란 교육공무원이 상당한 기간 내에 이행해야 할 직무상 의무가 있는데도 이를 이행하지 않는 것을 말한다.
　1의 2. 제1호사목에서 "연구부정행위"란「학술진흥법」제2조 제5호에 따른 연구자에 해당하는 교육공무원이 같은 법 제15조에 따른 연구부정행위를 저지른 경우를 말한다.
2. 삭제〈2020. 7. 28.〉
3. 제1호카목에서 "부정청탁에 따른 직무수행"이란「부정청탁 및 금품등 수수의 금지에 관한 법률」제6조의 부정청탁에 따른 직무수행을 말한다.
4. 제1호타목에서 "부정청탁"이란「부정청탁 및 금품등 수수의 금지에 관한 법률」제5조에 따른 부정청탁을 말한다.
5. 제1호파목에서 "성과상여금"이란「공무원수당 등에 관한 규정」제7조의 2 제10항에 따른 성과상여금을 말한다.
　5의 2. 비위행위가 초과근무수당 또는 여비를 거짓이나 부정한 방법으로 지급받은 경우에 해당하는 경우 그 징계기준은「공무원 징계령 시행규칙」별표 1의 2 또는「지방공무원 징계규칙」별표 1의 2를 준용한다.
6. 비위행위가 청렴의무 위반에 해당하는 경우 그 징계기준은「공무원 징계령 시행규칙」별표 1의3을 준용한다.
　6의 2. 제7호가목 및 나목에서 "성희롱"이란「양성평등기본법」제3조 제2호에 따른 성희롱을 말한다.
7. 비위행위가 음주운전에 해당하는 경우 그 징계기준은「공무원 징계령 시행규칙」별표 1의 5를 준용한다.
8. 제1호거목에서 "직무상 비밀 또는 미공개정보를 이용한 부당행위"란「공직자의 이해충돌 방지법」제14조를 위반하는 행위를 말한다.
9. 제7호차목에서 "통신매체를 이용한 음란행위"란「성폭력범죄의 처벌 등에 관한 특례법」제13조에 따른 범죄에 해당하는 행위를 말한다.

# 21 징계시효

◆ 핵심포인트

　징계의결의 요구는 징계사유가 발생한 날부터 3년을 경과한 때에는 이를 행하지 못합니다. 다만 금전, 물품, 부동산, 향응 등을 취득하거나 제공한 경우, 국가공무원법 제78조의 2 제1항 각호의 어느 하나에 해당하는 경우에는 5년 이내에, 성폭력 또는 성희롱 등의 비위 및 아동 청소년 대상 성범죄 및 학술진흥법 제15조 제1항에 따른 연구부정행위는 10년을 경과한 때에는 이를 행하지 못합니다. 따라서 징계사유에 따라서 징계시효의 적용에 신중을 기하여야 할 것입니다. 징계시효의 계산은 징계사유가 발생한 날부터 징계의결을 요구한 시점까지이지 징계의결이 있은 날이 아니므로 이 부분 또한 주의하여야 합니다.

법령
- 사립학교법 제66조의 4 제1항
사립학교 교원의 임용권자는 징계사유가 발생한  날부터 3년이 지난 경우에는 제64조에 따른 징계의결을 요구할 수 없다. 다만, 징계사유가 「국가공무원법」 제78조의 2 제1항 각 호의 어느 하나에 해당하는 경우에는 그 징계사유가 발생한 날부터 5년 이내에, 「국가공무원법」 제83조의 2 제1항 제1호 각 목 및 「교육공무원법」 제52조 제5호의 어느 하나에 해당하는 경우에는 그 징계 사유가 발생한 날부터 10년 이내에 징계의결을 요구할 수 있다.

판례

- 대법원 2019. 10. 18. 선고 2019두40388 판결
징계 사유에 해당하는 비위행위 자체에 대한 징계시효가 만료된 이후 비위행위가 수사대상이 되거나 언론에 보도되었다고 하여 이를 들어 새로운 징계 사유가 발생한 것으로 본다면, 비위행위에 대한 징계시효가 연장되는 것과 다름없어 일정 기간의 경과를 이유로 징계권 행사를 제한하고자 하는 징계시효의 취지에 반할 뿐 아니라, 새로운 징계 사유의 발생이 사용자 등에 의하여 의도될 우려도 있다. 따라서 비위행위 자체에 대한 징계시효가 만료된 경우 비위행위에 대하여 나중에 수사나 언론보도 등이 있더라도 이로 인해 새로운 징계사유가 생긴 것으로 보거나 수사나 언론보도 등의 시점을 새로운 징계시효의 기산점으로 볼 수 없다.
- 대법원 1990. 4. 10. 선고 90누264 판결
국고금을 횡령한 자가 이를 변상하지 아니하고 있더라도 이는 횡령의 결과인 위법상태가 지속되고 있는 것에 불과하므로 국가공무원법 제83조의 2 제1항 의 규정에 의하여 징계사유의 시효의 기산일이 되는 '징계사유가 발생한 날'은 횡령행위가 있은 날이라고 할 것이고, 횡령한 금원을 변상한 날이라고 볼 수 없다.

◆ advice

　징계시효의 계산에 있어서 징계사유가 발생한 날은 당해 비위사
실이 발생한 날이지 그 비위행위가 발각된 날이 아님을 주의하여야
합니다. 또한 징계조사가 이루어지는 시점이 징계시효의 기준시점
이 아니라 징계사실을 조사한 후에 교원징계위원회에 징계의결을
요구하는 시점을 기준으로 역산하여 징계시효를 계산함을 주의하
여야 합니다.

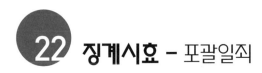

# 22 징계시효 – 포괄일죄

PART 1. 교원징계절차

◆ 핵심포인트

　단일하고도 동일한 범의 아래 동종의 범죄를 일정기간 반복하여 행하고 그 피해법익도 동일한 경우에는 각 범죄를 통틀어 포괄일죄로 봅니다. 이러한 경우는 설사 그 기간 중에 징계시효가 도과된 행위가 있더라도 징계시효의 기산점은 최종의 것을 기준으로 하면 됩니다.

법령
- 사립학교법 제66조의 4 제1항
사립학교 교원의 임용권자는 징계사유가 발생한 날부터 3년이 지난 경우에는 제64조에 따른 징계의결을 요구할 수 없다. 다만, 징계사유가 「국가공무원법」 제78조의 2 제1항 각 호의 어느 하나에 해당하는 경우에는 그 징계사유가 발생한 날부터 5년 이내에, 「국가공무원법」 제83조의 2 제1항 제1호 각 목 및 「교육공무원법」 제52조 제5호의 어느 하나에 해당하는 경우에는 그 징계 사유가 발생한 날부터 10년 이내에 징계의결을 요구할 수 있다.

판례

- 대법원 1986. 1. 21. 선고 85누841 판결

원고는 1982.9월경 소외 김원심으로부터 그가 피고로서 당시 부산지방법원에 소송계속 중이던 같은 법원 82가단4502호 토지인도등 사건의 진행에 관하여 유리하게 하여 달라는 부탁과 함께 변호사 선임비 명목으로 금 390,000원을 교부받고는 변호사를 선임하지 아니한 채 1982. 11. 10. 위 사건의 답변서 및 증인신청서를, 1983. 1. 13. 현장검증 및 감정신청서 등을, 1983. 1. 27. 청구취지 및 청구원인에 대한 답변서를, 1983. 2. 23. 변론기일연기신청서를 각 작성하여 제출하는 등 실질적인 소송수행을 하고, 위와 같은 행위로 위 김원심이 1983. 4. 26. 수사기관에 탄원서를 제출하는 등으로 물의를 빚자 1983. 6. 10. 원고의 처 명의로 위 금 390,000원을 차용금반환 명목으로 위 김원심을 위하여 공탁한 사실을 인정할 수 있고, 위와 같은 원고의 비위는 모두 소송사건에 관련하여 계속적으로 행하여진 일련의 행위이어서 설사 그 중에 이 사건 징계의결 시에 2년이 경과한 것이 있다 할지라도 그 징계시효의 기산점은 위 일련의 행위중 적어도 최종으로 위 문서 따위를 만들어준 1983. 2. 23.이나 그 후 물의를 빚은 사실 등을 기준하여야 한다 할 것이다.

- 대법원 2000. 1. 21. 선고 99도4940 판결

단일하고도 계속된 범의 아래 동종의 범행을 일정기간 반복하여 행하고 그 피해법익도 동일한 경우에는 각 범행을 통틀어 포괄일죄로 볼 것이고, 수뢰죄에 있어서 단일하고도 계속된 범의 아래 동종의 범행을 일정기간 반복하여 행하고 그 피해법익도 동일한 것이라면 돈을 받은 일자가 상당한 기간에 걸쳐 있고, 돈을 받은 일자 사이에 상당한 기간이 끼어 있다 하더라도 각 범행을 통틀어 포괄일죄로 볼 것이다.

◆ advice

위와 같은 포괄일죄의 징계사유를 확정함에 있어서 실무상 크게 걱정할 필요까지는 없습니다. 왜냐하면 징계시효가 지난 비위 행위도 징계의 양정에 참작할 수 있기 때문에 전체적인 행위 중 일부에 대하여 징계사유로 인정되지 않는다 하더라도 징계양정이 적법하다는 판단이 가능하기 때문입니다.

**징계시효** – 감사원 조사와의 관계

◆ 핵심포인트

　감사원에서 조사 중인 사건에 대해서는 조사 개시 통보를 받은 날부터 징계의결의 요구나 그 밖의 징계 절차를 진행할 수 없도록 되어 있습니다. 또한 검찰·경찰, 그 밖의 수사기관에서 수사 중인 사건에 대해서는 수사 개시 통보를 받은 날부터 징계의결의 요구나 그 밖의 징계 절차를 진행하지 아니할 수 있습니다. 이러한 경우 징계절차를 진행하지 못하여 징계시효가 지나거나 그 남은 기간이 1개월 미만인 경우에는 감사원 조사나 수사기관의 종료 통보를 받은 날부터 1개월이 지난 날에 징계시효가 도과한 것으로 봅니다.

법령
- 사립학교법 제66조의 3 제1항
① 감사원, 검찰·경찰, 그 밖의 수사기관은 사립학교 교원에 대한 조사나 수사를 시작하였을 때와 마쳤을 때에는 10일 이내에 해당 교원의 임용권자에게 그 사실을 통보하여야 한다.
② 감사원에서 조사 중인 사건에 대해서는 제1항에 따른 조사 개시 통보를 받은 날부터 징계의결의 요구나 그 밖의 징계 절차를 진행할 수 없다.

③ 검찰·경찰, 그 밖의 수사기관에서 수사 중인 사건에 대해서는 제1항
에 따른 수사 개시 통보를 받은 날부터 징계의결의 요구나 그 밖의 징
계 절차를 진행하지 아니할 수 있다.

- 사립학교법 제66조의 4

② 제66조의 3 제2항 또는 제3항에 따라 징계 절차를 진행하지 못하여
제1항의 기간이 지나거나 그 남은 기간이 1개월 미만인 경우에는 제1
항의 기간은 제66조의 3 제1항에 따른 조사나 수사의 종료 통보를 받
은 날부터 1개월이 지난 날에 끝나는 것으로 본다.

판례
- 대법원 2008. 7. 10. 선고 2008두2484 판결
지방공기업 근로자에 대한 징계절차를 규정하고 있는 인사규정의 징계시
효기간에 관한 규정은 근로자에 대한 징계사유가 발생하여 지방공기업이
일방적으로 근로자를 징계할 수 있었음에도 그 행사 여부를 확정하지 아
니함으로써 근로자로 하여금 상당 기간 불안정한 지위에 있게 하는 것을
방지하고, 아울러 지방공기업이 비교적 장기간에 걸쳐 징계권 행사를 게
을리하여 근로자로서도 이제는 지방공기업이 징계권을 행사하지 않으리
라는 기대를 갖게 된 상태에서 지방공기업이 새삼스럽게 징계권을 행사
하는 것은 신의칙에 반하는 것이 되므로 위 기간의 경과를 이유로 사용자
의 징계권 행사에 제한을 가하려는 취지에서 둔 규정으로서, 그 기산점은
원칙적으로 징계사유가 발생한 때이다.

◆ advice

실무상 감사원 등의 조사 통보가 있는 경우 그 종료시까지 징계

의결요구를 하지 않고 기다리게 됩니다. 감사원 등의 조사 종료 통보를 받고 징계사유가 인정되면 징계 절차를 진행할 수 있게 됩니다. 그런데 이 시점에 징계시효가 도과된 경우 1개월 내에서 징계의결을 요구함으로써 징계시효 도과를 막을 수 있게 됩니다. 주의할 것은 1개월 이내에 징계의결요구를 해야 함으로, 해임 파면 등의 징계의결요구를 할 경우 이사회를 사전에 거쳐야 하는 경우 1개월이라는 기간은 매우 짧기 때문에 상당히 빠르게 징계절차를 진행해야 할 것입니다.

# 24 징계시효의 특례 – 소청결정, 법원 판결 후의 재징계절차와 징계시효

◆ 핵심포인트

교원소청심사위원회 또는 법원에서 징계처분이 법령의 적용, 증거 및 사실조사의 명백한 흠이 있거나, 교원징계위원회의 구성 또는 징계의결 그 밖에 절차상의 흠이 있거나, 징계양정의 과다를 이유로 징계처분이 무효 또는 취소되는 경우 재징계 절차를 어떻게 진행해야 하는지 문제될 수 있습니다. 이에 대하여는 사립학교법 제66조의 4 제3항과 교원소청에 관한 규정 제16조 3항에서 자세히 규정하고 있습니다. 이러한 경우에는 결정서 또는 확정판결을 받은 날부터 3개월 이내에 다시 징계의결을 요구하면 징계시효의 문제는 발생하지 않게 됩니다.

> 법령
>
> - 교원소청에 관한 규정 제16조 (심사위원회의 결정)
> ③ 법 제10조 제2항 제3호 및 제4호에 따른 심사위원회의 결정이 소청 심사의 대상이 된 처분에 있어서 법령의 적용, 증거 및 사실조사에 명백한 흠이 있거나 징계위원회의 구성 또는 징계의결 그 밖에 절차상

의 흠이 있음을 이유로 한 경우 처분권자는 청구인에 대한 징계절차를 밟아 심사위원회의 결정서를 받은 날부터 3월 이내에 징계절차를 끝내야 한다.

- 사립학교법 제66조의 4 (징계사유의 시효)

③ 징계위원회의 구성·징계의결 그 밖에 절차상의 하자나 징계양정의 과다를 이유로 「교원의 지위 향상 및 교육활동 보호를 위한 특별법」에 의한 교원소청심사위원회 또는 법원에서 징계처분의 무효 또는 취소의 결정이나 판결을 하였을 때에는 제1항의 기간이 경과하거나 그 잔여기간이 3월 미만인 경우에도 그 결정 또는 판결이 확정된 날부터 3월 이내에는 다시 징계의결을 요구할 수 있다.

판례

- 대법원 1999. 2. 5. 선고 97누19335 판결

징계위원회의 구성·징계의결 기타 절차상의 하자나 징계양정의 과다를 이유로 재심위원회 또는 법원에서 징계처분의 무효 또는 취소의 결정을 한 때에는 제1항의 기간이 경과하거나 그 잔여기간이 3개월 미만인 경우에도 그 결정 또는 판결이 확정된 날로부터 3개월 이내에는 다시 징계의결을 요구할 수 있다(제2항)고 규정한 것은 징계비행자가 무한정의 신분적 불안정 상태로부터 벗어나게 하려는 취지에서 나온 것인 반면, 교원징계처분등의재심에관한규정(1991. 6. 19. 대통령령 제13389호) 제16조 제3항 에서 징계처분권자의 재징계기한에 관하여, 그 징계처분의 실체상 또는 절차상 흠을 이유로 재심위원회에서 취소 또는 변경하는 결정을 한 경우에 징계처분권자는 다시 당해 징계사건에 대한 징계절차를 밟되, 결정서를 받은 날로부터 3개월 이내에 이를 끝내어야 한다고 규정한 것은 사립학교법 제66조의 2 규정의 제한 내에서 신속한 재징계절차의 진행을 도모하고 그에 따른 후임자의 충원 등 행정작용이 원활히 행해지도록

함으로써 행정법관계의 장기간에 걸친 불안정상태를 방지하려는 것을 그 주안으로 하는 훈시적 규정이라고 보아야 할 것이므로, 그에 정한 기한이 지나서 재징계의결을 하였다고 하더라도 징계시효기간 내에 징계의결을 요구한 이상, 재징계처분이 위법하게 되는 것은 아니다.

◆ advice

이러한 재징계절차를 진행하는 경우 학교는 원래의 징계사유에 구애 받지 않고 그 때까지 존재하는 모든 징계사유를 자유로이 변경하거나 추가할 수 있습니다. 즉, 징계사유를 변경하거나 추가하더라도 징계대상자에게 징계요구사유서를 송부하고 그에 따른 소명의 기회를 부여한다면 절차상의 문제가 없다는 것입니다.

# 25 논문표절과 징계시효

◆ 핵심포인트

대학교수의 논문표절의 문제는 징계시효와 관련하여 복잡한 문제가 야기될 수 있습니다. 원칙은 논문이 게재된 시점을 징계시효의 기산점으로 볼 것이나, 표절된 논문을 업적평가 시 실적으로 제출하여 이를 근거로 징계가 요구되는 경우는 업적평가 시 논문을 제출한 시점이 징계사유 발생일이 될 수 있습니다. 또한 징계대상자가 징계시효를 주장하는 것이 신의칙에 반한다고 볼 정도로 표절의 정도가 심각하다면 징계시효의 적용을 하지 않을 수도 있습니다. 또한 법령의 개정으로 일부 연구부정행위는 10년의 징계시효가 적용되므로 연구부정행위에 관하여는 관련 법령을 잘 살펴서 징계 절차를 진행해야 할 것입니다.

법령
- 사립학교법 제66조의 4 제1항
사립학교 교원의 임용권자는 징계사유가 발생한 날부터 3년이 지난 경우에는 제64조에 따른 징계의결을 요구할 수 없다. 다만, 징계사유가 「국가공무원법」 제78조의 2 제1항 각 호의 어느 하나에 해당하는 경우에는 그 징계사유가 발생한 날부터 5년 이내에, 「국가공무원법」 제83조의 2 제1 항 제1호 각 목 및 「교육공무원법」 제52조 제5호의 어느 하나에 해당하는 경우에는 그 징계 사유가 발생한 날부터 10년 이내에 징계의결을 요구할 수 있다.

판례

- 대법원 1995. 3. 10. 선고 94다14650 판결

피용자가 회사에 입사할 당시 이력서에 자신의 채용 여부 등에 영향을 미칠 중요한 경력을 은폐, 허위의 경력을 기재하고 회사로서도 아무런 잘못이 없이 그러한 사실을 알지 못하여 징계권을 행사하지 못한 채 징계시효기간이 도과한 후에 이르러서야 비로소 피용자의 경력허위기재 사실을 알고서 곧바로 피용자에 대한 징계절차를 취하였음이 분명하다면, 위 피용자는 채용 당시부터 사용자에 대하여 그 채용 여부 등에 중요한 영향을 미칠 경력을 은폐하고 허위의 경력을 기재함으로써 사용자와 피용자 사이에 요구되는 신의칙상의 의무에 위배하여 근로계약을 체결한 자로서, 오히려 회사는 아무런 잘못이 없이 이러한 징계사유를 알지 못하여 징계시효기간을 도과하였음에도 불구하고 이를 이유로 자신에 대한 징계처분의 효력을 다툰다는 것은 보통인의 정의관념에 비추어 볼 때 신의칙에 위반되어 도저히 허용될 수 없다고 한 사례

◆ advice

논문표절은 표절행위가 있은 지 한참이 지난 후에 발견되는 경우가 대부분이어서 이를 징계사유로 삼을 것인지 여부에 대하여 많은

고민을 하게 됩니다. 이 경우 논문표절과 징계시효의 문제는 여러 가지 특수성이 있으므로 대학에서 징계의지가 있다면 표절행위를 기점으로 징계시효가 도과하였다고 하더라도 징계를 논할 여지가 있다고 볼 것입니다.

# 26 징계시효 지난 비위행위 징계양정 판단자료

◆ 핵심포인트

징계시효가 도과하여 징계사유로 삼을 수 없는 비위행위라 할지라도 다른 징계사유로 징계를 함에 있어 징계양정의 판단자료로 삼을 수 있습니다.

법령

- 사립학교법 제66조의 4 제1항

사립학교 교원의 임용권자는 징계사유가 발생한 날부터 3년이 지난 경우에는 제64조에 따른 징계의결을 요구할 수 없다. 다만, 징계사유가 「국가공무원법」 제78조의 2 제1항 각 호의 어느 하나에 해당하는 경우에는 그 징계사유가 발생한 날부터 5년 이내에, 「국가공무원법」 제83조의 2 제1항 제1호 각 목 및 「교육공무원법」 제52조 제5호의 어느 하나에 해당하는 경우에는 그 징계 사유가 발생한 날부터 10년 이내에 징계의결을 요구할 수 있다.

판례

- 대법원 1995. 9. 5. 선고 94다52294 판결

면책합의 되었거나 징계시효가 지난 비위행위라 하더라도 그러한 비위행위가 있었던 점을 징계량정의 판단자료로 삼는 것까지 금하는 것은 아니므로, 그러한 근무내력도 해고처분의 정당성을 판단하는 자료로 삼을 수 있다.

◆ advice

여러 번에 걸쳐서 동일한 비위행위가 있는 경우 징계시효가 도과한 부분은 이를 징계사유로 삼을 수 없을 것이지만 징계의결 과정에서 징계의 양정에는 참작하여 결정할 수 있을 것입니다.

**27 관할청의 사립학교에 대한 징계의 요구**

◆ 핵심포인트

 사립학교의 경우 초·중·고등학교의 관할청은 교육감(또는 교육지원장)이 될 것이고 대학의 관할청은 교육부장관이 될 것입니다. 관할청에서 징계사유를 인지하고 학교에 징계를 요구하는 경우 통상적으로 경징계, 중징계 또는 해임 파면의 징계를 구체적으로 정해서 요구하는 경우가 있습니다. 이 경우 특별한 사정이 없는 한 학교는 이에 따라야 한다는 것입니다. 다만, 징계위원회는 고유의 권한이 있으므로 반드시 정해진 요구에 따를 필요는 없고 특별한 사정이 있다면 요구된 징계양정과 다른 징계를 할 수도 있습니다.

---

법령

- 사립학교법 제54조

③ 관할청은 사립학교의 교원이 이 법에 규정된 면직 사유 및 징계 사유에 해당할 때에는 해당 교원의 임용권자에게 해임 또는 징계를 요구할 수 있다. 이 경우 해임 또는 징계를 요구받은 임용권자는 특별한 사유가 없는 한 이에 따라야 한다.

- 사립학교법 제66조의 2

② 관할청은 제1항에 따라 통보 받은 징계의결의 내용이 징계 사유에 비추어 가볍다고 인정되면 해당 교원의 임용권자에게 그 징계처분을 하기 전에 제4조 제1항에 따른 관할청의 경우 제62조의 3에 따른 징계심의위원회에, 제4조 제3항에 따른 관할청의 경우 제62조에 따른 교원징계위원회에 재심의를 요구하도록 할 수 있다.

판결

- 대법원 1996. 3. 8. 선고 95누18536 판결

대학교수 임용자의 기부금 임용의 경위와 기부금의 액수, 수사와 언론보도를 통하여 나타난 사립학교 교수로서의 품위손상의 정도(특히 학생과의 관계에 있어서), 다른 기부금 임용자들에 대한 징계정도 등에 비추어 볼 때 학교법인이 징계처분 중 2번째로 중한 해임처분을 택한 것은 그로 인하여 임용자가 입게 되는 사회적, 경제적, 정신적 피해에도 불구하고 징계재량권 범위 내의 정당한 처분이고 신의칙에 반한다거나 권리남용에 해당되지 아니한다.

◆ advice

실제로 실무에서 관할청의 징계요구에 반하는 징계를 함으로써 많은 문제가 야기되고 있습니다. 그러나 징계자체의 문제만을 놓고 본다면 어디까지나 징계의결은 교원징계위원회의 고유권한 사항이기 때문에 종국적으로는 관할청도 이에 반하는 처분을 할 수 없습니다.

# 28 징계처분 후 징계권자가 징계처분을 취소할 수 있는지

◆ 핵심포인트

　교육공무원에 대한 징계처분에 대하여는 오래된 고등법원 판결이 있으며, 감봉 4월의 처분을 하였다가 다시 이를 취소하고 파면처분을 한 사안에서 나중에 이루어진 파면처분은 무효라고 하였습니다. 즉 법에서 징계권자가 징계처분을 변경 취소하는 규정이 없다는 점과 기타 다른 법령의 해석에 따라 판결한 것입니다. 따라서 국공립학교 교원에 대한 징계처분은 징계권자가 이를 임의로 취소할 수 없다고 보아야 할 것입니다.

　사립학교의 경우도 징계의결은 교원징계위원회에서 하며, 교원징계위원회에서 의결한 사안을 가지고 교원의 임명권자가 이를 징계대상자에게 통보하여야 한다라고 규정하고 있으므로 교원징계위원회에서 의결된 내용을 징계권자가 취소할 수는 없다고 보아야 할 것입니다.

◆ advice

징계의결요구권자와 징계의결권자가 명확히 구별되고 있고 징계의결은 교원징계위원회의 고유 권한이라고 볼 것이므로 징계의결된 징계처분을 징계권자가 취소할 수는 없다고 보는 것이 합리적인 해석이라고 보여집니다.

# 29 형사사건과 징계

◆ 핵심포인트

　교원에 대한 수사가 개시된 경우 수사기관은 교원이 소속된 기관에 수사개시 통보를 하게 됩니다. 이 경우 학교에서는 수사결과를 보고 징계절차를 진행해야 하는지, 아니면 수사개시통보 만으로 징계절차를 진행할 수 있는지 여부가 문제됩니다. 결론적으로 말하면 어느 단계에서 징계절차를 진행하든 그것은 학교의 재량입니다. 즉, 수사개시통보를 받은 후 즉시 징계절차를 개시하여 징계처분까지 나아가더라도 위법하지 않습니다. 또한 수사가 종료된 후 법원의 판결시까지 징계를 보류해도 아무런 문제가 되지 않습니다. 다만, 징계시효가 도과할 우려가 있는 경우는 징계시효 도과 전에 징계절차를 마무리 해야 할 것입니다.

> 법령
> - 사립학교법 제66조의 4 (징계사유의 시효)
> ③ 징계위원회의 구성·징계의결 그 밖에 절차상의 하자나 징계양정의 과다를 이유로 「교원의 지위 향상 및 교육활동 보호를 위한 특별법」에

의한 교원소청심사위원회 또는 법원에서 징계처분의 무효 또는 취소의 결정이나 판결을 하였을 때에는 제1항의 기간이 경과하거나 그 잔여기간이 3월 미만인 경우에도 그 결정 또는 판결이 확정된 날부터 3월 이내에는 다시 징계의결을 요구할 수 있다.

◆ advice

형사사건에서 무죄가 선고된다고 하여 반드시 징계가 취소되는 것은 아닙니다. 즉 형사사건과 징계는 별개입니다. 예를 들어 성추행으로 해임처분을 받은 사안에서, 법원이 성추행을 무죄로 판결하더라도 성비위는 존재한다고 볼 수 있다면 해임이 적법하다고 판단될 수도 있습니다.

# 30 재징계 절차

◆ 핵심포인트

　징계절차상의 하자로 징계처분이 취소되거나 또는 징계양정이 과다하다는 이유로 징계가 취소된 경우, 학교에서는 다시 교원징계위원회에서 재징계를 하면 됩니다. 이 경우 어느 단계부터 징계절차를 다시 밟아야 하는지에 대하여 의문이 있습니다. 사립학교법에서는 교원의 징계에 관하여 징계의결요구서 송부 – 징계위원회 출석 소명 – 징계위원회 의결 – 징계의결 결과 통보를 중요하게 규정하고 있습니다. 따라서 재징계를 할 경우는 징계의결요구서를 다시 송부한 후 징계위원회에 출석하여 소명의 기회를 부여한 후, 징계위원회에서 징계양정을 다시 의결하면 됩니다.

> 법령
> - 사립학교법 제66조의 4 (징계사유의 시효)
> ③ 징계위원회의 구성·징계의결 그 밖에 절차상의 하자나 징계양정의 과다를 이유로 「교원의 지위 향상 및 교육활동 보호를 위한 특별법」에 의한 교원소청심사위원회 또는 법원에서 징계처분의 무효 또는 취소의 결정이나 판결을 하였을 때에는 제1항의 기간이 경과하거나 그 잔

여기간이 3월 미만인 경우에도 그 결정 또는 판결이 확정된 날부터 3월 이내에는 다시 징계의결을 요구할 수 있다.

판례
- 대법원 1999. 2. 5. 선고 97누 19335 판결
그 징계처분의 실체상 또는 절차상 흠을 이유로 재심위원회에서 취소 또는 변경하는 결정을 한 경우에 징계처분권자는 다시 당해 징계사건에 대한 징계절차를 밟되, 결정서를 받은 날로부터 3개월 이내에 이를 끝내어야 한다고 규정한 것은 사립학교법 제66조의 2 규정의 제한 내에서 신속한 재징계절차의 진행을 도모하고 그에 따른 후임자의 충원 등 행정작용이 원활히 행해지도록 함으로써 행정법관계의 장기간에 걸친 불안정상태를 방지하려는 것을 그 주안으로 하는 훈시적 규정이라고 보아야 할 것이므로, 그에 정한 기한이 지나서 재징계의결을 하였다고 하더라도 징계시효기간 내에 징계의결을 요구한 이상, 재징계처분이 위법하게 되는 것은 아니다.

◆ advice

절차상 하자 또는 실체상 하자로 인하여 징계가 취소되고 재징계를 하는 경우 징계시효의 기간 내에서는 언제라도 징계의결요구를 하여 처리할 수 있는 것이며, 만약 재징계를 하는 시점이 징계시효를 도과하였다 하더라도 위 결정이나 판결이 확정된 시점으로부터 3개월 이내에 징계의결 요구를 하면 절차상의 하자는 없다고 보면 될 것입니다.

# 31 일사부재리

◆ 핵심포인트

일사부재리는 동일한 징계사유로 이중징계를 하지 않아야 한다
는 금지 원칙을 말합니다. 징계권자가 이미 징계대상자에게 징계를
한 후 동일한 사유로 다시 징계를 하는 것은 일사부재리원칙을 위
반하는 것입니다. 또한 징계처분의 취소를 구하는 재판에서 징계사
유가 인정되지 않는다는 판결이 확정되었음에도 불구하고 이 사유
를 가지고 징계처분을 하는 것은 취소판결의 기속력이나 확정판결
의 기판력에 저촉되어 허용될 수 없습니다. 다만, 휴직 후 외국소재
학교에 고용된 교원이 징계사유로 파면을 받은 경우 국내 징계권자
에 의한 재징계는 가능하며, 임상해임은 교원의 지위에 변동을 가
져오지 않기 때문에 동일 사안으로 다시 해임 등 징계처분을 할 수
있습니다.

판례

- 대법원 1991. 11. 12. 선고 91누2700 판결

공무원이 소속 장관으로부터 받은 "직상급자와 다투고 폭언하는 행위 등

에 대하여 엄중 경고하니 차후 이러한 사례가 없도록 각별히 유념하기 바람"이라는 내용의 서면에 의한 경고가 공무원의 신분에 영향을 미치는 국가공무원법상의 징계의 종류에 해당하지 아니하고, 근무충실에 관한 권고행위 내지 지도행위로서 그 때문에 공무원으로서의 신분에 불이익을 초래하는 법률상의 효과가 발생하는 것도 아니므로, 경고가 국가공무원법상의 징계처분이나 행정소송의 대상이 되는 행정처분이라고 할 수 없어 그 취소를 구할 법률상의 이익이 없다고 본 사례.

◆ advice

경고처분을 받은 후 다시 그 사유를 징계사유에 포함시켰다고 하여도 이중징계를 하는 것은 아닙니다. 사립학교법상 징계의 종류에 경고는 포함되어 있지 않기 때문입니다.

# 징계와 관련된 소청 결정례

사립학교 교원의 징계양정과 관련하여 대학교원을 중심으로
대표적인 소청의 결정 사례를 소개

32. 교수의 학생에 대한 성희롱
33. 연구실 소속 학생 추행
34. 강의를 진행하지 않아 학생 수업권 침해
35. 논문의 데이터 변조, 부당한 저자표시 등 연구 부정 행위
36. 연구원 허위 등재 및 인건비 지급을 가장한 연구비 편취
37. 성매매 알선 등 행위의 처벌에 관한 법률 위반 및 아동청소년 성 보호에 관한 법률 위반 – 기소유예 및 무혐의
38. 국내출장명령으로 무단 국외여행
39. 음주운전
40. 대학교수의 동료교수 신체접촉 및 학생에 대한 부적절한 발언
41. 무단결강, 학과운영비 사적사용, 현장견학비 횡령
42. 동료직원에게 상해를 입힘
43. 타인의 편저로 연구실적물(교재)을 표절
44. 사직원이 수리되지 않은 상태에서 타 대학에 임용됨
45. 연구비 부당집행
46. 교수채용과 관련하여 금품공여
47. 교수채용과 관련한 금품수수 및 연구비 편취
48. 지속적인 무단결근
49. 업자로부터 금품을 수수하고 허위보고서를 작성해줌
50. 제자인 대학원생들의 장학금을 회유와 압박으로 갈취(총 1천2백여 만 원)

**교수의 학생에 대한 성희롱**

◆ 사건의 요지

　교수로서의 우월한 지위를 이용하여 자신의 지도를 받는 제자에게 원하지 않는 성적 언동으로 피해학생을 고통스럽게 하여 성적굴욕감과 수치심을 느끼게 한 행위

◆ 교원소청심사위원회 판단 : 2020년 해임처분 취소

　성희롱이 성립하기 위해서는 행위자에게 반드시 성적 동기나 의도가 있어야 하는 것은 아니지만 당사자의 관계, 행위가 행해진 장소 및 상황, 행위에 대한 상대방의 명시적 또는 추정적인 반응의 내용, 행위의 내용 및 정도, 행위가 일회적 또는 단기간의 것인지 아니면 계속적인 것인지 여부 등의 구체적 사정을 참작하여 볼 때 객관적으로 상대방과 같은 처지에 있는 일반적이고도 평균적인 사람으로 하여금 성적 굴욕감이나 혐오감을 느낄 수 있게 하는 행위가 있고, 그로 인하여 행위의 상대방이 성적 굴욕감이나 혐오감을 느꼈음이 인정되어야 한다.

　피해자가 성희롱 사실을 알리고 문제를 삼는 과정에서 오히려 부

정적 반응이나 여론, 불이익한 처우 또는 그로 인한 정신적 피해 등에 노출되는 이른바 '2차 피해'에 대한 불안감이나 두려움으로 인하여 피해를 당한 후에도 가해자와 종전의 관계를 계속 유지하는 경우도 있고, 피해사실을 즉시 신고하지 못하다가 다른 피해자 등 제3자가 문제를 제기하거나 신고를 권유한 것을 계기로 비로소 신고를 하는 경우도 있으며, 피해사실을 신고한 후에도 수사기관이나 법원에서 그에 관한 진술에 소극적인 태도를 보이는 경우도 적지 않다. 법원이 성희롱 관련 소송의 심리를 할 때에는 이와 같은 성희롱 피해자가 처하여 있는 특별한 사정을 충분히 고려하여 피해자 진술의 증명력을 판단하여야 하고, 피해자의 위와 같은 진술 태도 등을 이유로 그 진술의 신빙성을 가볍게 배척하여서는 아니된다(대법원 2018. 4. 2. 선고 2017두74702 판결 참조).

피해학생은 교내 성희롱·성폭력 사건 조사위원회에서 신고 경위에 관하여 '학교 졸업까지 2년이나 남았고 이렇게 사는 것을 더 이상 못 버틸 것 같아서'라고 진술하는 등 피해학생에게 허위 신고를 할 동기나 이유가 있다고 보이지 않고, 오히려 그 신고 계기와 피해 심경이 실제로 경험하지 않고서는 진술할 수 없을 정도로 자연스럽고 신빙성이 있어 보인다.

청구인에 대한 징계사유가 모두 인정되고, ① 교원에게는 일반 직업인보다 높은 도덕성이 요구되고 교원의 비위행위는 본인은 물론 교원사회 전체에 대한 국민의 신뢰를 실추시킬 우려가 있다는 점에서 보다 엄격한 품위유지 의무를 부담하는 점, ② 청구인은 지속적으로 우월적 지위를 이용하여 상대적으로 약자인 학생을 상대로 심각한 성희롱 행위를 하였던 점, ③ 피해학생이 장래 학업과 진로 선택의 과정에서 부정적인 영향을 받을 수 있는 점, ④「교육공무원 징계양정 등에 관한 규칙」별표 징계기준에 따르면 '성희롱'의 경우 비위의 정도가 심하고 중과실인 경우 '파면-해임'을 예정하고 있는 점, ⑤ 이 사건 해임 처분을 통하여 달성하고자 하는 대학 내 성비위 근절, 교원의 권한 남용 방지, 대학에 대한 국민적 신뢰 회복 등의 공익이 그 징계로 인하여 청구인이 입게 될 불이익에 비하여 결코 작다고 볼 수 없는 점 등을 종합적으로 고려해 볼 때, 이 사건 해임 처분이 사회통념상 징계권자의 재량권을 현저하게 일탈·남용한 것이라고 볼 수 없다.

◆ 결정의 의미

최근 강화된 성희롱의 판단기준과 징계양정 기준에 의할 경우 피해자가 허위로 신고할 뚜렷한 동기가 보이지 않고, 진술의 일관성이 유지될 경우 징계사유는 인정될 수 있으며, 성희롱의 경우 교수와 학생의 관계에서 발생했다면 통상적으로 해임의 징계가 가능하다고 볼 수 있습니다.

# 33 연구실 소속 학생 추행

◆ 사건의 요지

대학 교수가 학생과 차 안에서 대화를 나누던 중 학생의 손을 잡고 머리를 쓰다듬고 뽀뽀를 하는 등 학생이 동의하지 않은 신체접촉을 한 사안

◆ 교원소청심사위원회 판단 : 2020년 해임처분 취소

청구인은 2020. 1. 14. 오후 8시경부터 1. 15. 오전 0시 30분까지 소속 학과 여학생(신고인)과 함께 술을 먹고 청구인의 차 안에서 잠을 자고 있던 여학생의 손을 잡고, 머리를 쓰다듬고 볼에 뽀뽀를 한 행위에 대해서는 인정하고 있다. 다만 이러한 청구인의 행위가 신고인의 의사에 반하여 한 신체접촉 행위 또는 강제추행 등의 성폭력 행위는 아니라는 취지로 주장한다.

위의 인정되는 사실과 판례 등을 종합하여 살피건대 ① 피해학생은 이 사건 처분의 원인이 된 청구인의 행위가 있었던 2020. 1. 15. 새벽 이후 오후에 성고충 상담실에 문의 전화 후 다음 날인 1. 16. 사건을 접수한 사실이 있고, 청구인의 행위에 대해 구체적으로 진

술하면서 청구인의 행위에 대해 부담을 느끼고 있는 사정 등을 고려할 때 청구인의 행위가 피해학생의 의사에 반하는 행위로 충분히 볼 수 있어 보이는 점, ② 청구인은 피해학생의 연구실(랩실) 담당 교수로 피해학생의 입장에선 우월적 지위에 있는 자로 청구인의 신체접촉에 대해 거부하기가 쉽지 않았을 것으로 보이는 점, ③ 아울러 피해 학생이 술에 취한 상태임에도 불구하고 청구인은 차 안에서 피해학생의 손을 만지고, 볼에 뽀뽀를 한 것으로 이는 선량한 성적 도덕관념에 반하는 행위로 충분히 볼 수 있어 추행으로 보기 어렵지 않은 점 등을 고려할 때 청구인의 주장은 이유 없다 할 것이다. 그렇다면 이와 같은 청구인의 행위는 「사립학교법」 제55조에 의해 준용되는 「국가공무원법」 제63조(품위유지의 의무)를 위반한 것으로 징계사유로 인정된다.

① 교원은 학생의 교육을 전담하는 업무의 특성상 학생들에게 모범적인 품행과 성품을 보여야 하는 지위에 있는 자로, 한 교원에게 사소한 비위가 있으면 본인은 물론 교원사회 전체에 대한 국민의 신뢰를 실추시킬 우려가 있으므로, 모든 언동에 있어서 일반 직업인보다 엄격한 품위유지 의무를 부담하고 있는 점, ② 청구인은 피해학생이 소속한 연구실 담당 교수임에도 피해학생이 술에 취해 자신의 차에 앉아 있는 상황에 손을 만지고, 볼에 뽀뽀를 한 것으로 이러한 청구인의 행위는 교수로서 매우 부적절한 행위에 해당하는 점, ③ 이러한 청구인의 행위에 대해 피해학생이 다음날 성고충 상담실에 이를 신고하여 이 사건 처분에 이르게 된 점, ④ 사립학교 교원에게도 준용되는 「교육공무원징계양정 등에 관한 규칙」 제2조

[별표]의 징계기준에 의하면 '성폭력'의 경우 최소 해임 이상의 징계처분을 예정하고 있는 점, ⑤ 피청구인이 이 사건 처분을 통하여 달성하고자 하는 학교 내 성희롱·성폭력 근절 및 교원에 대한 국민적 신뢰 회복 등의 공익이 청구인이 입게 될 불이익에 비하여 결코 적다고 볼 수 없는 점 등을 종합적으로 고려하였을 때 이 사건 피청구인의 해임 처분이 재량권을 일탈·남용하였다고 보기 어렵다.


◆ 결정의 의미

성희롱의 경우는 해임 미만의 징계가 가능하나 성추행으로 인정될 경우(가해자가 고의를 가지고 한 행위인 경우)에는 징계양정의 하한선이 해임으로 되어 있어, 부득이 배제징계를 선택할 수 밖에 없으므로, 성비위라 하더라도 성희롱과 성추행은 그 징계의 양정에 있어 현저한 차이가 있습니다.

# 34 강의를 진행하지 않아 학생 수업권 침해

◆ 사건의 요지

주당 3시간을 강의하여야 함에도 매주 1시간 30분으로 수업을 진행하거나 강의를 진행하지 않아 학생들의 수업권을 침해함

◆ 교원소청심사위원회 판단 : 2020년 감봉 3월 처분 취소 청구

2019. 5. 19. 접수된 청구인의 강의과목인 '○○'과 관련한 탄원서에는 '○○학과 4학년 교과목인 '○○'은 4월 중간시험 이후 종강하였고 3월 개강과 함께 속강을 한다고 해서 월요일, 수요일 수업을 합반하여 월요일 3시간 연강을 하시겠다고 교수님이 말씀하시고 3~4월 중간시험까지 속강이라시면서 매주 월요일 75분 수업만 진행하였다. (중략) ○○ 과목의 실제 수업 진행은 3월 4일, 11일, 18일, 25일, 4월 1일, 8일, 15일, 22일이며 수요일 수업은 진행되지 않았으며 5월에는 현재까지 수업을 하지 않고 있다.'라고 적시된 사실이 확인된다.

청구인에 대한 징계사유가 인정되고, ① 사립학교 교원에게도 준

용되는 「국가공무원법」 제56조는 모든 공무원은 법령을 준수하며 성실히 직무를 수행하여야 한다고 규정하고 있는데 이러한 성실의 무는 청구인에게 가장 기본적인 중요한 의무로서 최대한으로 공공의 이익을 도모하고 그 불이익을 방지하기 위하여 전인격과 양심을 바쳐서 성실히 직무를 수행하여야 하는 것을 그 내용으로 하는 점 (대법원 1989. 5. 23. 선고 88누3161 판결 참조), ② 청구인은 학생을 가르치는 교수로서 교원의 가장 기본 책무인 수업을 계획대로 진행하지 않고 수업시간을 임의로 변경하여 운영하였으며, 중간고사 이후에는 수업 자체를 하지 않는 등의 행위로 학생의 수업권을 침해한 점, ③ 이로 인해 민원이 제기되어 이 사건 처분에 이르게 된 점, ④ 청구인은 이 사건 처분과 유사한 수업 해태로 2009년 10월 감봉 2월 처분을 받았음에도 이 사건 비위 사실이 재발한 점, ⑤ 「교육공무원 징계양정 등에 관한 규칙」 [별표] 징계기준에 따라 '1. 성실의무 위반 - 마. 직무태만 또는 회계질서 문란'의 경우 '비위의 정도가 약하고 경과실인 경우'에 '감봉 - 견책'으로 예정되어 있는 점 등을 종합적으로 고려할 때, 이 사건 처분이 사회통념상 현저하게 타당성을 잃어 징계권자의 재량권을 일탈하거나 남용한 것으로 볼 수 없다.

◆ 결정의 의미

대학 교수는 휴강 또는 보강을 할 경우 등 수업일정에 변경이 있는 경우 사전에 이를 학생들에게 고지하여 학생들의 수업권을 침해하지 않아야 합니다. 그런데 휴강 또는 보강 절차를 제대로 준수하지 않거나 위 사안과 같이 수업을 임의로 단축하여 진행할 경우는 징계사유로 인정되며, 통상의 경우 이러한 사안에 대하여는 경징계 (견책 또는 감봉)가 이루어집니다.

# 35 논문의 데이터 변조, 부당한 저자 표시 등 연구 부정 행위

◆ 사건의 요지

 대학 교수가 논문의 주요 데이터를 변조하였으며 공동저자와의 협의도 없이 타 학생을 논문의 저자로 추가하는 등 연구 부정 행위를 한 사안

◆ 교원소청심사위원회 판단 : 2017년 파면처분 취소 청구

 이 사건 논문의 데이터 변조와 관련하여, ① 이 사건 논문 320 페이지 그래프 (Fig. 3 그래프A)의 혈당 수치와 관련하여 연구노트에 혈당 수치에 대한 결과 중 일부가 있으나, 이 사건 논문에 표시된 전체 데이터는 존재하지 않았고, 청구인은 나머지 데이터는 실험실 컴퓨터에 저장되어 있다고 진술하여 연구윤리위원회에서 충분한 시간을 주었음에도 아무런 소명이 없었다. ② 위 논문 320 페이지 그래프(Fig. 3 그래프B)의 인슐린 수치도 ○○의료재단에 의뢰하여 얻은 데이터는 대조 약물을 처리한 한 마리 쥐에서만 인슐린 수치가 0.2이고 이를 제외한 모든 쥐에서 인슐린 수치가 0.01로 차이

가 거의 없음에도 불구하고 위 그래프에서는 처리구(실험그룹) 간에 인슐린 수치가 차이가 있는 것으로 나타나 있다. ③ 위 논문 그래프(Fig. 3 그래프C)의 트리글리세리드 수치 역시 ○○의료재단에 의뢰하여 얻은 데이터 평균값과 이 사건 논문의 평균값은 일치하나 표준편차의 길이가 ○○의료재단으로부터 얻은 데이터와 일치하지 않는다(표준편차가 축소되어 그래프에 표시되어 있음). ④ 위 논문 그래프(Fig. 3 그래프D)의 시펩티드 수치도 ○○의료재단으로부터 얻은 데이터는 모든 처리구에서 동일하게 0.01 수치를 나타내고 있으나 이 사건 논문 그래프에서 STZ 처리구 평균값이 0.01보다 크게 그려져 있다. 3) 이 사건 논문의 부당한 저자 표시와 관련하여, 청구인이 지도교수였던 석사과정 대학원생 A의 석사학위 논문(○○○○○, 영문명 "○○○ ○○○")이 2014. 12월에 공간된 후, 청구인은 이 사건 논문(○○○○○ ○○○○○)을 작성하여 2016. 6월경 '○○○○ ○○○○○○' 저널 온라인판에 게재하였다. 그런데 ① 청구인의 이 사건 논문 317페이지 및 318페이지에 기술된 문장들은 위 A학생 석사학위 논문의 1페이지, 9페이지, 11페이지, 12페이지, 19~22페이지 기재 문장 들과 상당 부분 일치하거나 일부 문장은 100% 일치한다. ② 이 사건 논문 319페이지의 문장들도 위 석사학위 논문 20~22페이지의 문장들과 상당 부분 일치하거나 일부 문장은 100% 일치한다. ③ 이 사건 논문 320페이지에 표시된 그림 Fig. 1과 Fig. 2는 위 석사학위 논문 23페이지에 포함된 그림(Figure. 5) 및 29페이지에 포함된 그림(Figure. 8)과 100% 일치한다. ④ 그런데 청구인은 이 사건 논문을 재임용 심사자료로 제출하면서 이 사건 논문을 3인 공저로 표시하였는데, 그 저자에 위 A 학생은 포함되지 않았다. 4) 청구인의 연구윤리 조사 업무 방해 행위와 관련하여, ① ○○대학교 ○○ 대학장은 2016. 10. 5. 교무처에 청구인의 이 사건 논문에 관해 연구윤리 위반에 대한 검증을 요청하였고, 이날 청구인은 교무처로부터 이 사건 논문에 관해 연구윤리 검증 요청이 접수되었다는 사실을 고지받았다. ② 그런데 청구인은 같은 날인 2016. 10. 5. 다른 공동 저자 2인과 협의도 없이 이 사건 논문이 게재된 '○○○○ ○○○○○○' 저널에 메일을 발송하여 이 사건 논문의 저자로 A 학생을 추가해 줄 것을 요청하였고, ③ 위 저널 측에서 같은 날 위 논문의 저자 추가 요청을 수락하자 ○○대학장이 2016. 10. 26. 교무처장에게 제출한 청구인에 대한 재임용 심사 조서에는 이 사건 논문의 저자가 A 학생을 포함하여 4인으로 변경되어 있었다.

위와 같은 사실 관계를 종합하면, 청구인이 이 사건 논문과 관련하여 주요 데이터를 실제 실험 결과와 다르게 변조하였고, 이 사건 논문의 저자에 A 학생을 포함하지 않아 부당한 저자 표시를 하였으며, 이 사건 논문에 대한 연구윤리 위반 여부 검증이 진행되자 다른 공저자와 협의도 없이 독단적으로 008 교원소청심사위원회 이 사건 논문의 저자를 추가하도록 하는 등 연구윤리 조사 업무를 방해하였다는 이 사건 처분 사유가 모두 사실로 인정되고, 이는 「사립학교법」 제55조(복무)에 의하여 준용되는 「국가공무원법」 제56조(성실 의무) 및 제63조(품위유지의 의무)를 위반한 징계 사유로 인정된다. 사립학교 교원에게도 참고할 수 있는 「교육공무원 징계양정 등에 관한 규칙」별표(징계 기준)에서는, 연구 부정 행위와 관련하여 '비위의 정도가 심하고 고의가 있는 경우' 파면 처분을 하도록 규정하고 있는 점 등의 사정을 종합적으로 고려하면, 이 사건 파면 처분이 과중하다거나 사회통념상 현저하게 타당성을 잃어 징계권자의 재량권을 일탈·남용한 것으로 볼 수 없다.

◆ 결정의 의미

과거와 달리 논문에 관한 연구 부정 행위의 징계양정은 특별히 감경할 사유가 보이지 않는 경우 배제징계인 해임의 징계가 타당하다고 보고 있습니다. 특히 데이터를 변조하는 등의 행위는 매우 중한 행위로 보고 있으며, 연구 부정 행위 논문을 재임용 실적으로 제출하거나 연구비를 수령하는 등의 추가 이익을 얻은 경우는 매우 중한 징계에 처하고 있습니다.

# 36 연구원 허위 등재 및 인건비 지급을 가장한 연구비 편취

◆ 사건의 요지

 연구에 참여하지 않은 학생을 연구보조원으로 등재한 후 이들 학생에게 지급된 연구비를 교수가 사용함으로써 연구비를 편취 또는 횡령한 사안

◆ 교원소청심사위원회 판단 : 2016년 해임처분 취소 청구

 ○○지방검찰청의 공소장 등 관련 자료에 의하면, 청구인이 2011년부터 2015년까지 '○○○○○○○○○○○ 개발', '○○○ ○○○○○○○○○ 연구' 등의 연구를 공동 연구원으로 수행하면서, 실제로 연구에 참여하지 않은 허위의 연구원을 등재하거나 연구원들의 인건비 지급 통장을 직접 보관하는 방법으로 연구비를 편취 혹은 횡령한 것이 모두 사실로 인정된다. 청구인의 위와 같은 행위는 「사립학교법」 제55조에 의해 준용되는 「국가 공무원법」 제56조 (성실 의무), 제61조(청렴의 의무) 및 「○○대학교 교원인사규정」 제24조(교원의 복무 자세) 및 「○○대학교 교직원 복무 규정」 제4

조(법규 준수의 의무)를 위반한 것이며, 「○○대학교 연구비 관리 규정」제24조(연구비의 사용), 「○○대학교 산학협력단 연구비 관리 지침」제17조(연구비 집행)를 위반한 것으로 징계 사유로 인정 된다.


◆ 결정의 의미

연구과제를 수행하는 과정에서 교수들은 석사 및 박사과정에 있 는 학생을 연구보조원으로 등재한 후 실제로 이들을 연구에 참여시 키지 않은 다음, 이들 학생에게 지급되는 인건비를 일부 돌려 받거 나 또는 연구비가 입금되는 통장을 직접 관리하면서 사적 용도로 연구비를 사용하는 경우가 많이 있습니다. 이와 같은 경우 연구비 의 편취 및 횡령은 특별한 사정(학생들을 위한 용도에 사용했다는 등의 정상참작 사유)이 없는 한 대부분 해임의 징계가 타당하다고 보고 있습니다.

**성매매 알선 등 행위의 처벌에 관한 법률 위반 및 아동청소년 성 보호에 관한 법률위반** – 기소유예 및 무혐의

◆ 사건의 요지

미성년자와 성매매를 한 사안에서 수사결과 일부 무혐의가 나오고 기소유예의 처분을 받은 사안에서 해임처분이 정당하다고 본 사안

◆ 교원소청심사위원회 판단 : 2018년 해임처분 취소 청구

청구인이 제출한 경위서, ○○지방검찰청 공무원(사립학교 교원) 피의사건 처분 결과 통보서, 피의자 신문조서 등 자료에 의하면 청구인이 2017. 7. 1.경 스마트폰 채팅 앱 ○○을 통해 만난 미성년자와 1회 성매매를 한 사실이 인정되고, 이러한 행위는 교원으로서의 품위를 손상한 행위로 징계 사유에 해당한다. 청구인은 「교육공무원 징계양정 등에 관한 규칙」 제2조 제1항(징계 기준) 성매매 부분을 살펴보면 "비위의 정도가 심하고 경과실인 경우 또는 비위의 정도가 약하고 중과실인 경우"는 강등 내지 정직, "비위의 정도가 약

하고 경과실인 경우"는 감봉 내지 견책 하도록 규정하고 있음에도 불구하고 해임 처분한 것은 부당하다고 주장하나, ① 청구인에 대한 징계 사유가 인정되고, ② 교원에게는 일반 직업인보다 더 높은 도덕성이 요구되고 교원의 품위 손상 행위는 본인은 물론 교원사회 전체에 대한 국민의 신뢰를 실추시킬 우려가 있다는 점에서 보다 엄격한 품위 유지 의무를 부담하는 점(대법원 2000. 6. 5. 선고 98두16613 판결 참조), ③ 청구인이 스마트폰 채팅 앱 '○○'을 통해 조건만남을 하자고 하는 여성에게 연락하여 성매매를 한 것으로 고의가 인정되는 점, ④ 청구인은 2012. 4. 8.경 ○○○○ 사이트에 접속하여 남녀의 성행위 장면의 음란 동영상을 공유 설정하는 방법으로 배포한 행위로 피청구인으로부터 2012. 9. 15. 견책 처분을 받은 바 있고, 또한, 청구인은 2016. 2. 8. 병적인 이유로 발기가 되지 않아서 발기가 되는지 확인해 보고자 성매매를 시도한 것이 적발되었으나, 결국 발기가 되지 않아서 성관계를 가지지 못했다고 혐의를 부인하여 ○○지방검찰청으로부터 2016. 5. 17. '혐의 없음(증거 불충분)' 처분을 받아 학교장으로부터 2016. 6. 20. 경고를 받은 바 있음에도 자숙하지 아니하고 다시 성매매를 한 것은 비위 행위가 결코 가볍다고 할 수 없는 점, ⑤ 「교육공무원 징계양정 등에 관한 규칙」 [별표] 징계 기준에 따르면 성매매의 경우 '비위의 정도가 심하고 중과실인 경우 또는 비위의 정도가 약하고 고의가 있는 경우' 해임으로 예정되어 있는 점 등을 종합적으로 판단할 때, 청구인에 대한 사정을 고려하더라도 이 사건 청구인에 대한 해임 처분이 징계권자에게 맡겨진 재량권을 일탈 남용한 위법이 있다고 볼 수 없다.

◆ 결정의 의미

　성관련 비위는 형사사건에서 기소유예 처분을 받더라도 성관련 비위는 인정이 된 것으로 봅니다. 따라서 이 경우 기소유예를 받았는지 여부와는 무관하게 징계양정에 관한 기준에 따라 징계처분을 할 수 있으며, 최근 성비위에 관한 징계를 보면 대부분이 배제징계인 해임 이상의 징계임을 알 수 있습니다.

# 38 국내출장명령으로 무단 국외여행

◆ 사건의 요지

대학 교수로 재직 중 국내출장 기간 중 무단으로 국외여행을 하였다는 이유로 교육인적자원부 종합감사에 지적되어 견책처분을 받은 사안

◆ 교원소청심사위원회 판단 : 2008-122 견책처분 취소 청구

국가공무원복무규정 제22조(휴가기간 중의 토요일 또는 공휴일)에는 휴기기간 중의 토요일 또는 공휴일은 그 휴가 일수에 산입하지 아니한다라고 규정하고 있어, 처분사유에 청구인이 무단으로 국외여행을 하였다는 기간(2006. 7. 13.~7. 30.) 중 2006. 7. 16.과 7. 29.은 토요일이고 7. 17.은 공휴일이며, 7. 30. 일요일이어서 실제 청구인이 연가를 신청하지 않고 무단으로 국외출장한 기간은 7. 13.부터 7. 15.까지 3일간이라 할 것이다. 그렇다면 청구인이 자료수집차 국내출장으로 결재 받고 무단으로 국외여행을 한 것은 국가공무원법 제56조(성실의무) 및 제58조(직장 이탈 금지)를 위반한 것이어서 징계사유에 해당한다 할 것이다.

징계양정을 살피건대, 교육인적자원부의 종합감사 결과 청구인과 같이 국내출장 및 무단국외여행으로 경징계 요구를 받은 ○○대학교 소속 교원들 8명에 대해, 피청구인이 이미 징계시효가 지난 한 사람을 제외하고는 청구인을 포함한 7명의 교원에 대하여 감봉 1월, 견책 4명, 불문경고 2명으로 처분한 것을 볼 때, 피청구인이 청구인에게 한 원처분이 재량권을 일탈·남용하였다고 할 수 없을 것이다.

◆ 결정의 의미

무단으로 국외여행을 한 경우는 징계사유가 될 수 있다는 것이며 다만 징계의 양정은 중징계를 할 정도로 무겁지는 않다는 것입니다.

# 39 음주운전

◆ 사건의 요지

음주운전은 과거에 비하여 상당히 징계기준이 강화되고 있습니다. 2회 이상 음주운전을 한 경우 또는 상해나 물적 피해까지 일으킨 경우는 배제징계인 해임 이상의 징계가 가능합니다.

◆ 교원소청심사위원회 판단 : 2021년 해임처분 취소 청구

청구인은 2016년에 음주운전으로 벌금 400만원을 선고 받은 전력이 있는 상태에서, 다시 2020년에 음주운전 및 접촉사고로 벌금 1,800만원을 선고 받은 점, 공무원 징계령 시행규칙 별표1의 3 음주운전 징계기준에서 2회 음주운전을 한 경우 '파면-강등'으로 정하고 있고, 음주운전으로 교통사고를 일으켜 상해 또는 물적 피해가 있는 경우 '해임-정직'으로 정하고 있는데, 청구인은 음주운전으로 처벌을 받은 전력이 있음에도 또 다시 음주운전을 하다가 사고를 야기하여 피해자들에게 상해를 입게 하였고, 혈중알콜농도 수치가 0.192%로 매우 높아 비위의 정도가 심하다고 판단되는 점, 교육공무원 징계 양정 등에 관한 규칙 제4조 제2항 제4의 2호에 따

라 음주운전의 경우 징계 감경 대상에 해당하지 않는 점 등을 종합적으로 고려해 볼 때, 이 사건 해임처분이 사회통념상 재량권을 현저히 일탈 남용했다고 볼 수 없다.


◆ 결정의 의미

최근 음주운전에 대한 징계기준이 대폭 강화되어 혈중알콜농도가 0.2% 이상이거나 2회 이상 음주운전을 한 경우이거나 또는 음주운전으로 인하여 상해 또는 물적 피해를 일으킨 경우는 해임 이상의 징계도 가능하게 되었습니다.

# 40 대학교수의 동료교수 신체접촉 및 학생에 대한 부적절한 발언

사건의 요지

　대학 교수가 동료 교수에게 부적절한 신체접촉을 하였고 학생들에게도 부적절한 발언을 하여 징계가 이루어진 사안

◆ 교원소청심사위원회 판단 : 2015년 정직 3월 처분 취소 청구

　2015. 2. 23. ○○대학교 ○○대학원 재학생 2명은 각각 학교에 제출한 탄원서에서 '2014. 4. 4. 교수님들과 학생들의 술자리에서 대학원 원장님(청구인)은 남○○ 교수님의 몸을 만지셨고, 이어지는 언행에 학우들은 매우 당황스럽고 불쾌했습니다. 남○○ 교수님과 한○○ 교수님 두 분에게 "우리 둘이 오늘 밤에 같이 잘 테니까, 우리 방은 따로 준비해라"고 하셨고, 남○○ 교수님의 어깨와 팔뚝을 만지셨습니다.'라고 진술하고 있다.

　교원징계위원회의 회의록에 의하면, 청구인은 "아 그럼 한번 사귀어 보지"라고 농담을 한 적이 있다고 진술하였고, 허그를 안 하려고 하는 피해자를 억지로 하도록 민 적이 있는지의 질문에 '안 하려고

PART 2. 징계와 관련된 소청 결정례

징계와 관련된 소청 결정례 113

그러는 게 아니라 둘이 하려고 그럴 때 아, 그러면 잘 이렇게 해서 살짝 좀 했었습니다.'라고 진술한바 있다.

청구인이 교수의 신분으로 지위와 명예에 합당한 윤리적·도덕적 의무를 다하여야 함에도, 동료 교수에게 부적절한 신체 접촉 및 학생들에게 부적절한 발언을 한 행위가 사실로 인정되고, 이로 인하여 다수의 피해자들에게 성적 수치심과 정신적 피해를 입힌 점 등을 감안할 때, 인정되는 징계 사유만으로도 비위 정도가 가볍지 아니하다고 보이는바, 이 사건 징계 처분이 징계재량권을 일탈·남용하여 위법하다고 할 수 없다

◆ 결정의 의미

이 사안은 대학 교수의 언행이 성희롱이나 성추행으로까지는 판단되지 않은 것으로 보이며, 그러하더라도 부적절한 신체접촉과 부적절한 발언은 중징계가 가능하다는 의미가 있습니다.

**무단결강, 학과운영비 사적사용,
현장견학비 횡령**

◆ 사건의 요지

청구인은 조교수로 재임용되어 근무하던 중 2008학년도 1, 2학기 개설 4과목에 대해 각각 3시간 강의를 하지 않아 학생들의 학습권을 침해하였고, 학교운영경비로 개인용도의 물품을 구입하였으며, 현장견학비용을 횡령했다는 사유로 2009. 3. 31. 해임처분을 받은 사안

◆ 교원소청심사위원회 판단 : 2009-136 해임처분 취소 청구

학생들의 학습권을 침해했다는 징계사유는 인정되고, 학교운영경비로 개인용도의 물품을 구입했다는 징계사유는 인정되지 않으며, 현장견학비용 100,000원을 횡령한 사실은 징계사유로 인정된다.

대법원은 사립학교 교원에게 징계사유가 있어 징계처분을 하는 경우 어떠한 처분을 할 것인지는 원칙적으로 징계권자의 재량에 맡겨 있으므로 그 징계처분이 위법하다고 하기 위하여서는 징계권자가 재량권을 행사하여 한 징계처분이 사회통념상 현저하게 타당성

을 잃어 징계권자에게 맡긴 재량권을 남용한 것이라고 인정되는 경우에 한하고, 그 징계처분이 사회통념상 현저하게 타당성을 잃은 처분이라고 하려면 구체적인 사례에 따라 직무의 특성, 징계의 사유가 된 비위사실의 내용과 성질 및 징계에 의하여 이루고자 하는 목적과 그에 수반되는 제반 사정을 참작하여 객관적으로 명백히 부당하다고 인정되는 경우라야 한다(대법원 2008. 2. 1. 선고 2007두20997 판결 참조).

청구인에 대하여 인정되는 징계사유는 수업결강 부분과 학교견학 비용을 횡령한 부분인 바, 강의를 하지 않은 시간이 3시간에 불과하며 현장견학비용 100,000원은 사회통념상 그 금액이 크다고 볼 수 없는 점 등을 종합하면 인정되는 청구인의 징계사유에 비추어 이 사건 원 처분은 과중하다 할 것이므로 정직 1월로 변경한다.


◆ 결정의 의미

학생들의 학습권을 침해한 점과 횡령의 점은 그 비위의 정도가 심하다고 볼 수 있으나, 수업권 침해의 정도가 약하고 횡령의 금액이 소액인 점을 고려하여 해임처분을 정직 1월 처분으로 감경한 사안입니다.

동료직원에게 상해를 입힘

◆ 사건의 요지

청구인은 2007. 3. 1. ○○초등학교에 전보되어 근무하던 중, 2007. 11. 12. 오전 행정실장의 머리채를 잡아당겨 두부 좌상 및 모발손실 등의 상해를 입힌 사실로 ○○검찰청으로부터 구약식 벌금 50만 원의 처분을 받는 등의 사유로 2008. 5. 1. 감봉 2월 처분을 받았다.

◆ 교원소청심사위원회 판단 : 감봉 2월처분 취소 청구

청구인이 "썩을 년"이라는 욕설을 하면서 행정실장의 머리채를 잡아당겨 두부 좌상 및 모발 손실 등 예방치료기간 15일을 요하는 상해를 입혀 상해 혐의로 벌금 50만 원의 구약식 처분을 받은 것은 교육공무원으로서 법령을 준수하며 성실히 직무를 수행해야 할 의무를 규정한 국가공무원법 제56조(성실의무)와 직무의 내외를 불문하고 그 품위를 손상하는 행위를 하여서는 안 된다고 규정한 국가공무원법 제63조(품위유지의 의무)를 위반한 것으로 이 부분은 징계사유로 인정된다고 할 것이다.

피청구인 교육공무원 일반징계위원회 징계회의록을 살펴보면, 2008.4.17. 청구인에 대한 징계 양정 의결 시 징계의 원인이 된 비위사실의 내용과 성질, 감경 사유 등 여러 요소를 종합하여 고려했다고 보이는 점과 청구인은 징계사유의 모든 책임이 학교장과 행정실장에게 있다고 주장하고 있는 점 등을 볼 때 개전의 정이 있다고 볼 수 없고, 행정실을 방문하여 소란을 피우는 행위와 행정실장의 개인신상에 대한 부적절한 언행이 장기간 이루어졌고, 수차례 학교장의 정당한 직무상 명령을 반복하여 따르지 않은 점 등을 고려한다면 '감봉 2월'의 원 처분은 상당하다고 할 것이다.

◆ 결정의 의미

동료교원 또는 교원과 교직원 사이에서도 폭력이나 폭언 등은 당연히 징계사유가 될 수 있으며, 그 정도에 따라 경징계 또는 중징계까지도 가능하게 됩니다. 특히 위 사안은 형사사건으로 처벌까지 받은 사안으로 이에 대한 감봉 2월의 처분은 과중하지 않다고 본 것입니다.

# 43 타인의 편저로 연구실적물(교재)을 표절

◆ 사건의 요지

청구인은 ○○대학 전임강사로 임용되어 1996. 4. 1. 조교수로 승진하여 근무하여 오던 중, 2006. 5. 교수업적평가를 위해 제출한 연구실적물(제명 : ○○)은 타인의 것을 표절하였다는 사유로 국가공무원법 제63조(품위유지의 의무) 및 제56조(성실의무) 등을 위반하였다 하여 피청구인으로부터 파면처분을 받은 사안

◆ 교원소청심사위원회 판단 : 2008-41 파면처분 취소 청구

청구인의 저서 중 제1부(55페이지)를 살펴보면 제1항(사회보장의 개념 및 제원리)부터 제9장(의약품)까지로 구성되어 있는데, 『건강보험 기초이론』(임모, 김모, 김모 편저, 2003. 12.)의 1부(총 626페이지 중 152페이지 분량)중에서 제1장(사회보장개념 및 제원리)부터 제9장(의약품)까지 목차와 세부구성이 똑같으며, 원저작물이 서술식으로 기재되어 있다면 청구인은 개조식으로 요약하는 등 그 내용도 그대로 축약 발췌하였고 인용표시를 전혀 하지 않

왔음을 알 수 있다. 청구인의 저서 중 제2부(190페이지)를 살펴 보면 총 1,190 문제로 구성되어 있는데, 이는 정선문제집 2002 - 1(○○협회)에서는 1,011문제를, 국가공인 병원행정사(○○연구회)에서는 179문제를 그대로 옮겨와 전체 문제의 문답이 동일함을 알 수 있다.

이상에서 본 바와 같이 청구인의 저서인 ○○○○는 관련법령이 게재되어 있는 부록을 제외하고는 제1부(55페이지), 제2부(190페이지, 1,190문제)는 타인의 저서를 축약 발췌 또는 그대로 옮겨온 것으로 보여 징계사유는 모두 사실로 인정된다 하겠다. 그렇다면 사회적으로 일반인보다 더 높은 도덕성이 요구되는 교원으로서 청구인의 이러한 비위행위는 사립학교법 제55조에 의하여 준용되는 국가공무원법 제56조(성실의무) 및 같은 법 제63조(품위유지의 의무)를 크게 위반한 것이라 할 것이다.

다만, 징계양정에 있어 청구인이 15년 가까이 피청구인이 대학에 몸담으면서 이건 외에는 징계처분을 받은 사실이 없이 성실히 근무하여 온 점, 청구인의 저서를 강의시간에 수업교재로만 사용한 점, 원 저서의 제2저자가 청구인의 교재는 단순히 요약정리 한 것으로 판단된다며 무단 복제의도가 없다는 확인서를 제출한 점 등을 감안하여 볼 때 원처분은 다소 과중하여 해임으로 감경한다.

## ◆ 결정의 의미

　교원이 논문 또는 저서를 출판함에 있어서 타인의 논문이나 저서를 거의 베끼는 수준으로 표절을 한다면 이는 매우 중대한 품위유지의무 및 성실의무 위반이 되므로 사실상 배제징계 이상이 가능하다고 볼 수 있습니다. 위 사안은 파면처분이 과하다는 것일 뿐 배제징계는 타당하다는 결정으로 받아들여야 할 것입니다.

# 44 사직원이 수리되지 않은 상태에서
타 대학에 임용됨

◆ 사건의 요지

청구인은 2003. 3. 1. 피청구인이 유지, 경영하는 ○○대학교 법
과대학 조교수로 임용되어 근무하다가 2006. 2. 15. 사직원을 제
출하고 2006. 2. 20. ○○대학교로 이적하여 근무하던 중, 사직원이
수리되지 않은 상태에서 타 대학에 임용된 것은 직장이탈금지의무
와 피청구인대학교 교원인사규정의 겸직금지의무 등을 위반하였다
하여 피청구인으로부터 2006. 3. 14. 및 2006. 3. 31. 직위해제처
분 및 파면처분을 각각 받은 사안

◆ 교원소청심사위원회 판단 : 2006-177 직위해제 및 파면처분 무
  효확인 청구

사립학교 교원의 임용을 위한 계약의 법적성질은 사법상의 고용
계약에 다름 아닌 것으로서(대법원 1996. 7. 30. 선고, 95다11689
판결 참조), 이러한 고용계약에서 사직의 의사표시는 특별한 사정
이 없는 한 당해 근로계약을 종료시키는 취지의 근로자의 일방적

표시에 의한 해약고지로 볼 것이고(대법원 2000. 9. 5. 선고, 99두 8657 판결 참조), 이는 사용자의 일방적 의사표시에 의하여 근로관계가 해지되는 해고와 대칭되는 개념으로 근로자의 사직은 자유로이 행사할 수 있는 것이 원칙이다.

그러나, 고용의 약정기간이 3년을 넘거나 당사자의 일방 또는 제삼자의 종신까지로 된 때에 해지의 의사표시가 효력을 발생하기 위한 해지기간은 민법 제659조(3년 이상의 경과와 해지통고권)에 의할 때 상대방이 해지의 통고를 받은 날로부터 3월이 경과하여야 한다고 규정되어 있는 한편, 민법 제661조(부득이한 사유와 해지권)에서는 '고용기간의 약정이 있는 경우에도 부득이한 사유 있는 때에는 각 당사자는 계약을 해지할 수 있다. 그러나 그 사유가 당사자 일방의 과실로 인하여 생긴 때에는 상대방에 대하여 손해를 배상하여야 한다.'고 규정하고 있는데, 여기서의 '부득이한 사유는 고용계약을 계속하여 존속시켜 그 이행을 강제하는 것이 사회통념상 불가능한 경우'(대법원 2004. 2. 27. 선고, 2003다51675 판결 참조)를 말한다고 할 것인데, 이에 해당하는지 여부는 당사자의 귀책사유의 유무나 고의에 의한 것인지의 여부와는 상관이 없다고 할 것이다.

양 당사자가 제출한 일건 서류를 보면, 청구인은 2006. 2. 15.에 2006. 2. 19.자 사직원을 피청구인에게 제출하였고, 2006. 2. 20.자로 ○○대학교 법과대학 조교수로 임용되어 이후 피청구인 대학에 출근하지 않은 사실을 알 수 있는바, 민법 제661조에 의해 2006. 2. 19. 이후로 청구인과 피청구인간의 고용관계는 해지되었다고 할 것이어서 청구인은 피청구인 대학교 교원의 신분을 상실한 것이다.

따라서, 피청구인이 청구인에 대하여 민법 제661조에 의한 손해배상청구를 할 수 있는지 여부는 별론으로 하고, 2006. 3. 31. 파면처분은 권한 없는 피청구인이 한 처분으로 원천적으로 무효라는 청구인의 주장은 이유 있다.


◆ 결정의 의미

특별한 사정이 없는 한 사직원의 제출로 교원의 신분은 해지되었다고 볼 것이므로 그 이후에 교원이 타 대학에 임용이 되어 이전 대학에 출근하지도 강의를 하지도 않았다 하더라도 이를 이유로 징계를 할 수는 없다고 볼 것입니다. 위 사안의 경우는 추측건대 대학에서 교원에게 무리한 징계를 진행한 건으로 보여집니다.

# 45 연구비 부당집행

◆ 사건의 요지

연연구과제를 수행하면서 납품업체에 허위세금계산서 발급을 요구하여 차액을 돌려받고 연구원들의 인건비를 돌려받는 등의 방법으로 1억 1,200여만 원의 연구비를 부당집행 한 사실 등의 사유로 해임처분을 받은 사안

◆ 교원소청심사위원회 판단 : 2006-254 해임처분 취소 청구

피청구인은 "이 모는 ○○복제라는 세계적인 연구를 하였다."는 이유를 들어 청구인과 차별 징계를 하였으나 네이쳐(Nature)학술지에 실린 ○○관련 논문(○○ Nature ○○. 2005)발표자에 이 모, 청구인 등이 연구팀의 공동저자로서 등재되어 있으며 청구인의 공로에 대하여 이 모 또한 형사재판(2006고합○○○)에서 인정하는 증언을 하고 있는 점, 특히 부당하게 집행한 연구비가 청구인보다 두 배가 많은 이 모(162,974,818원)는 정직 처분에 그치고 청구인(64,344,319원)은 해임처분을 받은 점 등이 있고, 청구인이 8,800여만 원을 보관하고 있었지만 허위서류를 제출하여 부당집행한 금

액을 수령하여 사적 사용을 한 사실을 확인할 수 없는 점, 국내 연구비 부당집행사건 중 개인적인 용도의 사용이 확인되지 않은 사건에서 대부분 배제징계에 이르지 않는 점, 피청구인 대학교에서 두 사람이 비교적 연구 실적이 많은 점 등을 종합적으로 고려하여 보면, 두 사람이 황 모 사태와 관련하여 정직 2월, 정직 3월의 유사한 징계 전력을 참작한다 하더라도 이 모는 교수의 신분을 유지시키고 청구인은 신분을 박탈한 처분을 한 것은 지나치다 할 것인바, 이러한 처분이 징계양정의 형평 나아가 평등의 원칙에 위배된다고 주장하는 청구인의 주장은 이유 있다 할 것이다.

청구인의 ○○연구 공동참여의 공적 등을 고려하고, 부당 청구하여 수령한 연구비를 개인 용도로 사용하지 않은 점, 그 외 연구자로서 업적 및 수의과대학 교수들의 청구인 연구 분야의 필요성에 대한 탄원, 개전의 정 등을 종합적으로 고려하여 볼 때, 이 건 청구인에 대하여 교수직을 박탈하는 배제징계는 과중하다 할 것이므로 정직 3월로 변경


◆ 결정의 의미


원칙적으로 연구비를 부당집행 한 경우는 중징계가 가능하고 그 금액이 수천만 원을 넘는다면 배제징계까지도 가능하다고 볼 것입니다. 그런데 위 사안은 동일 또는 유사한 사건으로 징계를 받은 다른 교원에 비하여 청구인만 배제징계를 진행한 건으로 이는 평등의

원칙에 반하므로 위법하다는 것입니다. 따라서 여러 명의 교원이 동일 또는 유사한 사안으로 징계를 받는 경우는 그 징계의 양정 또한 평등의 원칙에 따라 공평하게 진행되어야 할 것입니다.

# 46 교수채용과 관련하여 금품공여

◆ 사건의 요지

청구인은 2004. 9. 1. 피청구인 소속 ○○대학 전임강사로 신규 임용되어 근무하던 중, ○○대학 교학과장 김 모에게 교양국어과 교수 채용청탁 명목으로 400만 원의 뇌물을 공여하였다는 혐의로 2005.7.14. 약식기소 된 사실 등이 있어 피청구인으로부터 2006. 3. 6. 감봉 3월 처분을 받은 사안

◆ 교원소청심사위원회 판단 : 2006-170 감봉 3월처분 취소 등 청구

판례는 "뇌물죄는 직무집행의 공정과 이에 대한 사회의 신뢰에 기하여 직무행위의 불가매수성을 그 직접적 보호법익으로 하고 있으므로 뇌물성은 의무위반행위의 유무와 청탁의 유무 및 금품 수수시기와 직무집행행위의 전후를 가리지 아니한다."고 판시하고 있다 (대법원 선고 95도1269, 판결 1995. 9. 5.).

○○검찰청의 청구인에 대한 피의자신문조서(2005. 6. 28.)에 의하면, 2004. 7. 초순 청구인은 ○○대학 교양국어 교수채용응시원서를 제출하였고, 응시원서를 제출한 얼마 후에 강 모에게 전화하여 저녁식사를 하면서 교수채용 응시원서를 제출하였는데 채용이

되도록 도와 달라는 부탁을 한 사실이 있으며, 이와 같은 부탁이 있은 후 1차 서류전형을 통과하였다고 진술하고 있는데, 청구인이 2004.8. 교수채용이 끝난 후 400만 원을 제공한 것은, 위와 같은 교수채용과 관련된 일련의 과정 속에서 교수채용과 관련된 뇌물을 공여한 것으로서 2004.8. 교수채용이 끝난 후 강 모에게 돈을 교부하였다고 하여도 뇌물을 공여한 행위에 아무런 방해가 되지 않고, ○○법원에서 청구인에 대하여 뇌물공여죄로 500만 원을 선고한 것으로 볼 때 청구인의 주장은 이유 없다.

이 건 청구인의 징계사유는 사실로 인정되고, 약식기소에서 벌금 500만 원을 받는 등 사회적 물의를 일으킨 점에 대해 징계위원회에서는 징계양정을 정하는 과정에서 청구인이 재직 시 ○○지역의 고전문화에 대한 많은 연구성과에 기여한 점 등을 감안 제 정상을 참작하여 감봉 3월 처분을 하였음을 볼 때 징계양정에 있어 처분권자의 재량권을 일탈하거나 남용한 것이라 할 수 없으므로 청구인의 주장은 이유 없다.

◆ 결정의 의미

뇌물죄는 매우 중한 사안으로 중징계가 가능합니다. 위 사안을 보면 사실상 중징계까지도 가능한 사안인데 청구인이 연구성과 등의 기여도가 많은 점을 고려하여 경징계인 감봉처분을 했음을 알 수 있습니다.

# 교수채용과 관련한 금품수수 및 연구비 편취

◆ 사건의 요지

청구인은 1998. 2. 2. ○○대학(현, ○○대학) 정보통신과 조교수로 신규 임용되어 근무하여 오던 중 교수채용과 관련하여 지원자 3명으로부터 4회에 걸쳐 2,500만 원의 뇌물을 수수하고, 연구비를 16회에 걸쳐 13,169,860원을 편취하였다는 사유로 피청구인으로부터 2006. 8. 2. 파면처분을 받은 사안

◆ 교원소청심사위원회 판단 : 2006-261 파면처분 취소 등 청구

청구인은 교수 채용과 관련하여 심사위원으로 활동하면서 교수 채용 지원자인 3명(임 모, 편 모, 양 모)으로부터 4회에 걸쳐 총 2,500만 원의 금원을 수수한 점에 대하여 양 당사자 간에 다툼이 없는바 교수채용관련 금품수수는 모두 사실로서 징계사유로 인정된다고 하겠다.

청구인은 연구용역을 수행하는 과정에서 공급업체와 결탁하여 공급받은 물품의 수량을 늘려서 재료비 등을 과다 청구하고, 대학

에서 공급업체에 지급한 대금 중 과다 계상된 차액을 돌려받는 방법과 구입 물품 중 일부는 실제로 공급받지 않았음에도 납품확인서와 세금계산서 등에는 공급받은 것처럼 허위 기재하여 물품대금이 지급되도록 한 다음 실제로는 공급되지 않은 물품대금을 돌려받는 방법으로 2004. 8.경부터 2005. 2. 25.까지 총 5회에 걸쳐 3,727,700원 상당을 부당 편취(피청구인의 징계처분 사유 설명서에는 16회에 걸쳐 13,169,860원을 편취하였다고 하였으나 법원의 1심 판결문에는 5회에 걸쳐 3,727,700원 상당을 부당 편취하였다고 판단하였으므로 이를 인정한다.) 한 것에 대하여 양 당사자 간에 다툼이 없는바 청구인의 행위는 피청구인 대학의 연구비관리규정을 위반하고 회계질서를 문란시키는 행위로서 징계처분사유는 인정된다 하겠다.

청구인과 피청구인 사이에 교수채용 관련 뇌물수수와 연구비 부당 편취에 대하여 다툼이 없고 이 건 처분권자의 징계양정이 재량권을 일탈·남용하였다고 볼 수 없는 점 등을 볼 때, 청구인의 소위는 지방공무원법 제53조(청렴의무)와 ○○대학 연구비관리규정 제3조 제1항을 위반한 것으로서 그 소위에 비추어 원 처분은 상당하다 할 것이다.


◆ 결정의 의미


4회에 걸쳐 2,500만 원의 뇌물을 수수하고 연구비를 16회에 걸쳐 1,300여만 원 편취했다는 것은 교원으로서 매우 중대한 잘못을 범한 것으로 사실상 가장 중한 파면처분도 그 징계의 양정이 타당하다는 것입니다.

# 48 지속적인 무단결근

◆ 사건의 요지

청구인들은 피청구인이 유지·경영하는  대학에서 근무하여 오던 중 2000년도 제2학기 연구학기 교원으로서 근태와 관련, 교직원 복무규정 및 연구학기 교원근무지침 등을 위반하여 2000년도 제2학기에는 학교에서 찾는 경우에만 출근하고 2000. 10. 6.(김모는 10. 23.)이후 부터 무단결근하였으며, 또한 대학에서 수차 출근 및 복귀명령을 내렸음에도 이를 무시하고 지속적으로 무단결근을 하였다 하여 2001. 1. 13. 피청구인으로부터 청구인 이 모·최 모는 정직 2월, 김 모는 감봉 2월 처분을 받은 사안

◆ 교원소청심사위원회 판단 : 2001-11, 12, 13 정직 2월 및 감봉 2월 처분 취소청구

대학 내에서 청구인들에게 사직을 강요하는 등의 일부 부당행위가 있었던 것은 사실이나 이는 일부 교수들에 의하여 자행된 것으로서 피청구인이 이를 직접 사주한 것으로 보이지는 않는다. 더욱이 학내사태로 인한 관선이사 체제에서 임시이사진은 사직서를 반

려하는 등 학원을 정상화하기 위한 노력을 계속하는 한편 이사장과 학장대행은 청구인들에게 학교에 정상 출근하도록 누차 서한을 보내는 등 종용하였음에도 불구하고 청구인들은 내용증명에 의한 답변서 등으로 신변상의 위협이 제거되지 않아 출근할 수 없다는 주장만을 되풀이하면서 계속 학교에 출근하지 않았다.

그렇다면, 학생과 함께 해야 할 교수가 학생들과 신체적인 충돌이나 직접적인 행동제약이 따르지 않는 상태에서 학교에 출근하고자 하는 적극적인 노력은 하지 않고 상당기간을 결근한 것은 어떠한 이유로도 정당화 될 수 없고 그 책임 또한 면할 수는 없다 할 것이다. 더구나 청구인들과 같이 사직을 권고 받고 대자보까지 부착되었던 청구외 1인 교수는 학교에 정상 출근하였으나 동료 교수나 학생들과 별다른 마찰이 없었던 점 등을 종합적으로 고려해 볼 때 청구인들이 학교에 출근할 수 없을 만큼 신변상 위협이 있었다고 보이지는 않는다 할 것이다. 따라서 원처분은 상당하다 할 것이다.


◆ 결정의 의미


사직강요 등의 부당행위가 있었던 것은 사실이나, 신체적인 충돌 등의 직접적인 행동제약이 따르지 않는 상태에서 학교에 출근하고자 하는 적극적인 노력은 하지 않고, 상당기간을 결근한 것은 어떠한 이유로도 정당화 될 수 없고, 그 책임 또한 면할 수는 없다 할 것이므로 원처분은 정당하다는 판단입니다.

**업자로부터 금품을 수수하고
허위보고서를 작성해줌**

◆ 사건의 요지

　청구인은 1973. 10. 1. ○○대학교 ○○대학 ○○학과 전임강사
로 신규 임용되어 교수로 근무해 오던 중, 2003. 6.경 ○○지하철
역사 신축공사 현장에 사용된 석재가 중국산임에도 불구하고 부정
한 청탁을 받고, 연구용역보고서 제출자 명의를 도용하여 중국산이
아니라는 연구용역보고서를 제출하는 등 불법행위를 하였다 하여
2005. 5. 24. 피청구인으로부터 해임처분을 받은 사안

◆ 교원소청심사위원회 판단 : 2005-113 해임처분 취소 청구

　소청심사청구서(2005. 6. 23.), 변명서(2005. 7. 6.), 징계위원회
회의록(2005. 5. 16.), ○○검찰청 공소장(2005. 3. 24.), ○○법원
판결문(2005. 5. 3./2005. 7. 1.) 등 양당사자가 제출한 일건서류
를 종합해 살펴보면, 청구인이 시공업체로부터 현금 100만 원을 교
부받은 사실이 있고, ○○대학교 ○○대학 부설 ○○연구소장 명의의
직인을 도용·날인하여, 지하철공사 석재의 원산지가 상이한 것을
마치 동일한 것처럼 허위의 연구결과보고서를 작성한 사실이 있는

등 징계처분사유는 모두 사실로 인정된다.

청구인의 행위는 학자의 양심을 저버리는 등 죄질이 좋지 아니하고, 사회적으로 물의를 빚고 학교의 명예를 크게 훼손한 사실이 인정되고 이로 인하여 해임처분된 것으로 볼 때, 징계혐의자에게 징계사유가 있어 징계 처분을 하는 경우 어떠한 처분을 할 것인가는 원칙적으로 징계권자의 재량에 맡겨져 있는 것이므로, 그 징계처분이 위법하다고 하기 위해서는 징계권자가 재량권을 행사하여 한 징계처분이 사회통념상 현저하게 타당성을 잃어 징계권자에게 맡겨진 재량권을 남용한 것이라고 인정되는 경우에 한한다 할 것이고 (대법원 1997. 11. 25. 선고, 97누14638 판결 참조),

그렇다면, 사회의 지도적 위치에서 공익에 앞장서야 할 대학 교수로서의 청구인이 다수 국민의 안전과 직결된 내용의 연구용역보고서를 허위로 작성하고 금품을 수수하였다는 등의 행위를 하여 사립학교법 제61조 및 피청구인 정관 제62조 및 제63조에 의하여 해임된바, 징계권자의 원 처분은 상당하다 할 것이고, 재량권을 남용한 것으로 볼 수는 없다 할 것이다.


◆ 결정의 의미

금품수수 행위 자체도 중한 사안인데 금품을 수수한 후에 불법행위에까지 나아갔다면 이는 사실상 배제징계를 면하기 힘든 사안이며, 위 결정은 이러한 점을 지적하고 있습니다.

**제자인 대학원생들의 장학금을 회유와 압박으로 갈취**(총 1천2백여 만 원)

◆ 사건의 요지

청구인은 2008. 3. 1.부터 2010. 2. 28.까지 ○○대학교 미술학과 장과 대학원 주임교수 보직을 수행하면서 미술학과 대학원생들로부터 2008년 1학기부터 2009년 2학기까지 수령한 장학금을 갈취하였다는 사유로 파면 처분을 받았다.

◆ 교원소청심사위원회 판단 : 2010-298 파면처분 무효확인 청구

청구인이 미술학과 소속 대학원생 탁○○, 강○○, 임○○로부터 장학금 총 12,663,000원을 돌려받아서 개인적인 용도로 사용한 사실이 인정되며, 청구인은 미술학과 학과장이자, 대학원 주임교수로서 해당 학생들을 장학생으로 추천하였고, 청구인의 우월적 지위를 이용하여 학생들에게 돌려 줄 것을 요구하였으며, 학생들은 동 대학에 취업이 되리라는 기대 혹은 논문심사 시 불이익을 당할 것에 대한 두려움으로 인하여 청구인의 요구대로 장학금을 돌려주었으

며, 청구인은 동 장학금을 개인화보 발간 등 개인적 용도에 사용하였고 ○○지방법원에서는 청구인이 강○○, 임○○로부터 장학금을 돌려받은 사실을 인정하여 벌금 300만 원에 처하였으며(2010. 9. 1.), 지역 언론에서는 ○○신문(2010. 4. 15.) "대학원생 장학금은 교수 쌈짓돈?", ○○일보(2010. 4. 27.) "제자장학금 1천300만 원 교수가 가로채" 등 청구인의 비위행위에 대하여 보도한 점 등을 종합하여 볼 때 청구인의 이러한 비위행위는 교육자로서 도덕성과 양심에 반하여 교원의 품위를 손상시켰음은 물론 피청구인 대학의 명예와 이미지를 훼손한 것으로서 사립학교 교원에게도 적용되는 국가공원법 제63조(품위유지의무)를 위반한 것으로 징계사유로 인정된다 할 것이다.

◆ 결정의 의미

 학생들로부터 장학금을 갈취했다는 것은 교원으로서 심각한 품위유지의무 위반에 해당하며 그 금액 또한 1,200여만 원으로 작지 않기 때문에 배제징계가 불가피하며, 위 결정은 이러한 점에 비추어 파면처분이 정당하다고 본 것입니다.

# 사립대학 교원의 재임용 심사

사립학교 교원 재임용 심사 절차와 관련한 모든 쟁점과
중요한 결정 사례 정리

# 51 재임용 심사의 대상이 되는 교원

◆ 핵심포인트

　사립대학의 교원 중에서 재임용 심사의 대상이 되는 교원은 전임
교원에 한합니다. 따라서 전임교원이 아닌 초빙교수, 겸임교수, 명
예교수, 시간강사 등은 비전임교원으로 재임용 심사 청구권이 없으
므로 대학에서 재임용 심사를 할 의무가 없습니다.

법령
- 고등교육법 제14조 제2항
학교에 두는 교원은 제1항에 따른 총장이나 학장 외에 교수·부교수 및
조교수로 구분한다.
- 고등교육법 제17조
학교에는 대통령령으로 정하는 바에 따라 제14조제2항의 교원 외에 겸임
교원·명예교수 및 시간강사 등을 두어 교육이나 연구를 담당하게 할 수
있다.

판례
대법원 2010. 6. 24. 선고 2007다31471 판결은 "현행 사립학교법 제53
조의2에 규정된 재임용 심사의 사전절차 등이 적용되는 대학교원은 원칙

적으로 사립학교법 제53조의 4에 따라 준용되는 교육공무원법 제11조 제4항, 제5항 및 제6항의 절차와 사립학교법 제53조의 2 제1항에 따른 학교법인의 이사회 결의를 거쳐 임용되는 전임교원으로서 고등교육법 제14조 제2항에 규정된 교수·부교수·조교수 및 전임강사를 말하는 것이고, 한편 고등교육법 제17조가 "겸임교원 등"이라는 제하에 "학교에는 대통령령이 정하는 바에 의하여 제14조 제2항의 교원 외에 겸임교원·명예교수 및 시간강사 등을 두어 교육 또는 연구를 담당하게 할 수 있다."라고 규정함으로써 고등교육법 제14조 제2항의 전임교원이 아닌 대학의 피용자가 교육 또는 연구업무에 종사할 수 있음을 명문으로 규정하고 있지만, 이러한 고등교육법 제17조에 근거한 "겸임교원 등"은 학교법인의 탄력적 교원인력 운영의 요구나 특수과목에서 실무적 현장성 확보 등과 같은 특별한 목적하에 법이 허용하는 예외적 교원인력으로서 위와 같은 재임용에 관한 사립학교 규정이 적용을 예상한 대학교원으로 보기 어렵다. 다만, 학교법인이 고등교육법 제17조 소정의 "겸임교원 등"을 임용·위촉한 다음 실제로는 같은 법 제14조 제2항의 전임교원과 동일한 책무를 부여하는 등으로 제도를 남용하거나 학교법인의 관련 규정 내지 당해 임용계약에서 위와 같은 "겸임교원 등"에게 전임교원에 준하는 보호를 명시한 경우 등과 같은 특별한 사정이 있는 경우에는 예외적으로 당해 교원에게 전임교원에 준하는 신분보장을 할 수 있다고 봄이 상당하다.

◆ advice

주의할 점은 이러한 전임교원 비전임교원의 구분은 그 명칭에도 불구하고 실제로 대학에서 어떻게 운영을 했는지에 따라 달라질 수 있다는 것입니다. 가령 초빙교수, 겸임교수라는 직책을 부여해 놓고는 실제로 전임교원과 같은 의무를 부여하거나 전임교원의 대우를 하고 당해 교원이 전임교원과 동등하게 연구, 강의 등을 했다면 그 교원은 전임교원으로 평가될 수 있습니다.

# 52 정년트랙 교원과 비정년트랙 교원

◆ 핵심포인트

대학에서는 전임교원을 정년트랙 교원과 비정년트랙 교원으로 나누어 임용을 하고 급여 등에서 정년트랙 교원에 비하여 약간의 차등을 두는 경우가 있습니다. 이러한 구분은 사립학교법에는 없는 것으로 대학이 만들어 낸 교원의 임용방식 또는 운영방식에 불과합니다. 그렇기 때문에 교원소청심사위원회나 법원에서는 정년트랙 교원과 비정년트랙 교원을 구분하지 않고 모두 재임용 심사 청구권이 있다고 보고 있습니다. 따라서 비정년트랙 교원에 대하여 재임용 심사를 하지 않고 곧바로 면직처분을 하면 이는 위법한 처분이 됩니다.

> 법령
> - 사립학교법 제53조의 2 (학교의 장이 아닌 교원의 임면)
> ④ 제3항의 규정에 의하여 임용된 교원의 임면권자는 당해 교원의 임용기간이 만료되는 때에는 임용기간 만료일 4월전까지 임용기간이 만료된다는 사실과 재임용 심의를 신청할 수 있음을 당해 교원에게 통지 (문서에 의한 통지를 말한다. 이하 이 조에서 같다)하여야 한다.

⑤ 제4항의 규정에 의하여 통지를 받은 교원이 재임용을 받고자 하는 경우에는 통지를 받은 날부터 15일 이내에 재임용 심의를 임면권자에게 신청하여야 한다.

⑥ 제5항의 규정에 의한 재임용 심의를 신청 받은 임면권자는 제53조의3의 규정에 의한 교원인사위원회의 재임용 심의를 거쳐 당해 교원에 대한 재임용 여부를 결정하고 그 사실을 임용기간 만료일 2월전까지 당해 교원에게 통지하여야 한다. 이 경우 당해 교원을 재임용하지 아니하기로 결정한 때에는 재임용하지 아니하겠다는 의사와 재임용 거부 사유를 명시하여 통지하여야 한다.

판례
- 대법원 2012. 4. 12. 선고 2011두22686 판결
학교법인 甲이 자신이 설립·운영하는 乙 ○○대학교 소속 전임강사로서 비정년트랙(non tenure track) 교원에 해당하는 丙 등에 대하여 별도의 재임용 심사절차를 거치지 않은 채 교원인사위원회를 개최하여 丙 등을 기간만료로 면직할 것을 의결한 후 계약기간 만료를 통지한 사안에서, 재임용 심사절차를 배제하거나 포기하기로 하는 내용의 임용계약과 乙 대학교 비정년트랙 교원 임용규정은 무효라는 이유로, 甲 법인이 전임강사로 비정년트랙 교원에 해당하는 丙 등에 대하여 사립학교법 제53조의 2 제4항 내지 제7항에서 정한 재임용 심사절차를 이행하지 않은 채 면직처분을 한 것은 사실상 재임용거부처분에 해당하는 것으로서 위법하다고 본 원심판단을 정당하다고 한 사례.

◆ advice

 정년트랙과 비정년트랙이라는 것은 사실상 재임용 심사를 통해
정년까지 갈 수 있는 점에서는 같지만, 비정년트랙에게는 정년보장
심사를 통해 재임용 심사 없이 정년까지 곧바로 보장되지 않고 계
속해서 기간을 정해 재임용 심사를 통해 정년까지 간다는 점에서만
그 차이가 있을 뿐입니다.

# 53 재임용 심사 청구권의 포기가 가능한지

◆ 핵심포인트

　대학에서는 간혹 비정년트랙 교원과 협의를 통해 또는 다소 불투명한 절차를 통해 일정 기간이 지나면 재임용 심사 없이 곧바로 면직된다는 등의 합의서를 작성하거나 그러한 내용의 임용계약서를 작성한 후 그 기간이 도과하면 재임용 심사 없이 당해 교원을 면직시키는 경우가 있습니다. 그러나 사립학교법에서 전임교원에게 보장된 재임용 심사 청구권에 관한 규정은 강행규정으로 이를 잠탈하는 내용의 계약은 무효입니다. 따라서 위와 같은 계약서를 작성했다는 이유만으로 재임용 심사 없이 교원을 면직시키면 위법하다는 판단을 받게 됩니다.

---

법령

- 사립학교법 제53조의 2 (학교의 장이 아닌 교원의 임면)
④ 제3항의 규정에 의하여 임용된 교원의 임면권자는 당해 교원의 임용기간이 만료되는 때에는 임용기간 만료일 4월전까지 임용기간이 만료

---

된다는 사실과 재임용 심의를 신청할 수 있음을 당해 교원에게 통지(문서에 의한 통지를 말한다. 이하 이 조에서 같다)하여야 한다.

⑤ 제4항의 규정에 의하여 통지를 받은 교원이 재임용을 받고자 하는 경우에는 통지를 받은 날부터 15일 이내에 재임용 심의를 임면권자에게 신청하여야 한다.

⑥ 제5항의 규정에 의한 재임용 심의를 신청 받은 임면권자는 제53조의3의 규정에 의한 교원인사위원회의 재임용 심의를 거쳐 당해 교원에 대한 재임용 여부를 결정하고 그 사실을 임용기간 만료일 2월전까지 당해 교원에게 통지하여야 한다. 이 경우 당해 교원을 재임용하지 아니하기로 결정한 때에는 재임용하지 아니하겠다는 의사와 재임용 거부 사유를 명시하여 통지하여야 한다.

판례
– 대법원 2012. 4. 12. 선고 2011두22686 판결
학교법인 甲이 자신이 설립·운영하는 乙 ○○대학교 소속 전임강사로서 비정년트랙(non tenure track) 교원에 해당하는 丙 등에 대하여 별도의 재임용 심사절차를 거치지 않은 채 교원인사위원회를 개최하여 丙 등을 기간만료로 면직할 것을 의결한 후 계약기간 만료를 통지한 사안에서, 재임용 심사절차를 배제하거나 포기하기로 하는 내용의 임용계약과 乙 대학교 비정년트랙 교원 임용규정은 무효라는 이유로, 甲 법인이 전임강사로 비정년트랙 교원에 해당하는 丙 등에 대하여 사립학교법 제53조의2 제4항 내지 제7항 에서 정한 재임용 심사절차를 이행하지 않은 채 면직처분을 한 것은 사실상 재임용거부처분에 해당하는 것으로서 위법하다고 본 원심판단을 정당하다고 한 사례.

결정

- 교원소청 2011-41

피청구인이 전임교원인 청구인에게 전임교원이 아닌 강의전담교원으로의 재계약 신청을 요구하여 청구인이 재임용신청을 하지 않은 것인데도 불구하고, 청구인이 재임용 신청서를 제출하지 않았다는 이유로 재임용을 거부하는 것은 위법함

- 교원소청 2008-83

청구인이 임용만료통지를 받은 후 별다른 이의를 제기하지 않고 퇴직금을 청구하여 수령한 것은 재임용절차에 대한 기대권을 포기한 것으로 볼 수밖에 없음

◆ advice

임용기간이 만료되기 전에 비정년트랙 교원과의 협의나 기타 절차를 통해서 재임용 심사 청구권을 포기하게 하는 것은 사실상 약자의 지위에 있는 교원이 이를 거절할 수 없기 때문에 그 의사에 반하여 체결되었다고 보는 것입니다. 따라서 임용기간이 만료되는 시점에 교원이 스스로 재임용 심사를 포기하겠다는 의사를 표시해 오는 경우는 달리 해석하여 재임용 심사 없이 면직처분을 해도 무방하다고 볼 것입니다.

# 54 재임용 심사절차 ① 임용기간 만료 통지

◆ 핵심포인트

사립학교법 제53조의 2 제4항에 의하여 교원의 임면권자는 당해 교원의 임용기간이 만료되는 때에는 임용기간 만료 4월전까지 임용기간이 만료된다는 사실과 재임용심의를 신청할 수 있음을 당해 교원에게 문서에 의한 통지를 해야만 합니다.

법령

- 사립학교법 제53조의 2 제4항
제3항의 규정에 의하여 임용된 교원의 임면권자는 당해 교원의 임용기간이 만료되는 때에는 임용기간 만료일 4월전까지 임용기간이 만료된다는 사실과 재임용 심의를 신청할 수 있음을 당해 교원에게 통지(문서에 의한 통지를 말한다. 이하 이 조에서 같다)하여야 한다.

판결

- 서울중앙지방법원 2013. 4. 18. 선고 2012가합24533 판결 (서울고등법원-2013나29785 판결로 확정)
피고는 원고에 대한 재임용 심사를 전혀 실시하지 아니한 채 신규교원 임용심사만을 실시할 계획 하에 원고에게 2011. 4. 29. 임용기간 만료 통지를 하였는 바, 신규교원 임용절차와 재임용 심사절차는 심사의 목적, 내용, 판단기준이 다르므로 위 임용기간 만료통지는 실질적으로 원고에 대한 재임용거부에 해당한다. 그런데 피고는 원고에게 기간 만료 통지를 하면서 재임용 심사를 신청할 수 있음을 알리는 등 사립학교법 제53조의 2에서 정한 심사절차를 이행하지 않았으므로 피고의 위 2011. 4. 29.자 재임용거부처분은 무효이다.

◆ advice

사립학교법에서는 명문으로 문서에 의한 통지를 규정하고 있습니다. 대학의 재임용심의 신청에 관한 안내는 재임용 심사의 시초가 되는 중요한 절차이므로 추후 이러한 통지에 관하여 다툼의 여지가 없도록 가급적 내용증명 우편 등에 의한 통지를 하여 추후 입증에 대비하여야 할 것입니다.

# 55 재임용 심사절차 ② 재임용심의 신청

◆ 핵심포인트

　대학으로부터 임용기간만료 통지와 재임용심의 신청을 할 수 있음을 고지 받은 교원은 15일 이내에 자료를 준비하여 재임용심의를 신청하여야 합니다. 만약 위 기간이 도과하도록 재임용심의 신청이 없다면 이는 당해 교원이 재임용 의사가 없다고 볼 것이므로 대학에서 재임용 심사를 할 의무가 없고, 위 교원은 임용기간 만료로 교원지위를 상실하게 될 것입니다.

법령
- 사립학교법 제53조의 2 제5항
제4항의 규정에 의하여 통지를 받은 교원이 재임용을 받고자 하는 경우에는 통지를 받은 날부터 15일 이내에 재임용 심의를 임면권자에게 신청하여야 한다.

◆ advice

　재임용 심사 대상 교원이 15일 기간 내에 재임용심의 신청을 하지 않을 경우 대학에서 재임용 심사를 할 의무가 없지만, 교원이 부득이한 사유로 인하여 재임용심의 신청을 하지 못하거나 자료준비로 인하여 위 기간을 준수하지 못하는 사정 등이 있다면 사전에 교원과의 협의를 통하여 신분상의 불이익을 받지 않도록 해야 할 것입니다. 즉, 15일 이내에 신청하지 않은 교원이 그 이후 아무런 이의 없이 임용기간을 만료했다면 이는 재임용심의 신청권을 포기한 것으로 볼 것이지만, 위 기간이 도과한 후에 얼마 지나지 않은 시점에 또는 위 기간이 도과하기 전에 대학 측에 사정을 얘기하고 준비기간을 연장시켜 줄 것을 요청한 경우라면 특별한 사정이 없는 한 대학에서는 이러한 사정을 감안하여 그 기간을 연장해 주어야 할 것입니다.

# 56 재임용 심사절차 ③ 업적의 제출 및 심사

◆ 핵심포인트

　재임용 심의를 신청 받으면 대학 교원인사위원회에서는 교원이 제출한 업적 등을 대학에서 정하고 있는 재임용 심사기준에 맞추어 심사를 하여야 합니다. 이 경우 반드시 교원인사위원회에서 재임용 심사를 진행해야만 하는 것은 아니며, 대학에서 별도의 업적평가위원회 또는 특별위원회 등을 두어 재임용 심사를 진행해도 무방하다고 볼 것입니다. 다만, 그러한 위원회의 위원은 전문성을 갖춘 자들로서 위원으로 위촉함에 있어서는 그 타당성이 인정되어야 할 것입니다.

법령

- 사립학교법 제53조의 2 제6항
제5항의 규정에 의한 재임용 심의를 신청 받은 임면권자는 제53조의 3의 규정에 의한 교원인사위원회의 재임용 심의를 거쳐 당해 교원에 대한 재임용 여부를 결정하고 그 사실을 임용기간 만료일 2월전까지 당해 교원에게 통지하여야 한다.

판결

– 서울행정법원 2008. 3. 5. 선고 2007구합26131 판결

재임용대상 교원이 교수적성분야에 관한 소속 해당학과 교수들의 평정결과가 대상교원의 재임용 여부에 결정적인 영향을 미치는 것으로 보이는데, 이러한 평정절차는 사립학교법상 존재하지도 않을 뿐만 아니라, 사립학교법상 규정된 교원인사위원회의 재임용 심사절차 외에 별도의 절차를 두어 재임용 심사절차를 강화하는 것은 문제가 되지 않을 것이나, 오히려 이러한 별도의 절차가 교원인사위원회의 재임용 심사절차를 사실상 대체한다든지 또는 객관성을 잃은 자의적인 절차로서 오히려 공정한 재임용 심사를 저해하는 것으로 기능한다면 이는 사립학교법의 취지에 위배된다고 볼 것이다.

◆ advice

교원인사위원회를 대신하여 업적평가위원회나 특별위원회에서 재임용 심사를 할 수 있다고 하더라도 소속학과 교수들이 해당 교수를 평가하여 재임용자격 여부를 부여하도록 한다면 이는 교원인사위원회를 대체하여 사실상 학과 교수가 재임용여부를 결정하도록 한 것이어서 위법하다고 볼 것입니다.

# 57 재임용 심사절차 ④ 심사결과의 2월전 통보

◆ 핵심포인트

교원인사위원회의 심의를 거쳐 재임용 여부의 결정이 이루어진 경우는 임용기간 만료일 2월 전에 당해 교원에게 그 결과를 통보해야 합니다. 2월 전에 통보하도록 한 취지는 당해 교원이 재임용에서 탈락하게 될 경우 다른 대학으로의 임용을 모색할 수 있는 기간, 교원소청심사위원회에 소청을 제기하는 등 대응조치를 취할 수 있는 기회를 부여하기 위함입니다.

법령
- 사립학교법 제53조의 2 제6항
제5항의 규정에 의한 재임용 심의를 신청 받은 임면권자는 제53조의 3의 규정에 의한 교원인사위원회의 재임용 심의를 거쳐 당해 교원에 대한 재임용 여부를 결정하고 그 사실을 임용기간 만료일 2월전까지 당해 교원에게 통지하여야 한다.

결정

- 교원소청 2014-206

사립학교법 제53조의 2 제6항의 취지는 교원의 경우 통상 학기 단위로 근로계약(임기)이 결정되므로 재임용 탈락 교원에게 신학기 전 2개월의 시간적 여유를 보장하여 근로 단절의 불이익을 최소화하기 위함이다. 피청구인은 청구인에 대해 최종 통보가 늦어진 것은 이사회의 일정에 의한 것인바, 이사회가 늦어지더라도 이미 교원인사위원회에서 재임용 여부의 심의를 하였으므로 청구인에게 절차상의 불이익이 발생하지 아니하며, 이사회 일정으로 인한 지연통지는 부득이한 사유 또는 정당한 사유에 해당하므로 절차상의 하자로 보기 어렵다고 답변하고 있다.

그러나 이사회의 일정이라는 것은 피청구인의 주관적인 사정일 뿐, 관련 규정을 준수하지 못할 부득이한 사유라거나 정당한 사유로도 보이지 아니한다. 또한 교원에 대한 재임용여부와 임면권은 학교법인에게 있기 때문에 이사회 의결 전에 교원인사위원회의 심의가 있었다는 사실만으로는 재임용 심사 절차가 끝났다고 볼 수 없으며, 더군다나 이 사건은 교원인사위원회에서 재임용 '동의'로 심의되었다가 이사회에서 교원인사위원회의 심의 내용과 달리 재임용 '거부'로 의결한 사안이므로, 더욱 더 피청구인의 지연통보는 청구인에게 불리하게 작용하는 면이 있다. 그렇다면 피청구인의 이 사건 재임용 거부처분은 청구인의 임기만료일 3일 전에 비로소 이루어진 것인 바, 강행규정인 사립학교법 제53조의 2 제6항을 위반한 것이어서 그 절차상 하자가 중대하다고 할 것이다.

◆ advice

대학에서 임용기간 만료 전 2월을 경과한 후에 재임용여부의 결정을 통보하면 그 자체만으로 재임용거부결정이 위법하다고 볼 것인지에 대하여는, 이 부분 절차상의 하자는 상당히 약화되어 있고 대학에서 2월 전에 통보할 수 없는 부득이한 사정이 있다면 절차상의 하자로 보지 않는 경향이 있습니다. 위 소청의 결정은 다른 요소들이 위법하기 때문에 이 부분 절차상의 하자 역시 위법하다고 평가한 것으로 볼 것입니다.

# 58 재임용 심사절차 ⑤ 심사결과의 구체적 통보

◆ 핵심포인트

　재임용 심사 결과 교원을 재임용하지 않기로 결정을 하는 경우 해당 교원에게는 재임용거부의 사유를 구체적으로 적은 재임용거부통지서를 발송하여야 합니다. 이는 당해 교원이 재임용거부결정의 이유를 통해 불복의 기회를 보장함과 동시에 대학으로서는 그러한 사유를 구체적으로 적음으로써 신중하고 합리적으로 거부여부를 판단하도록 한 것입니다.

> 법령
> - 사립학교법 제53조의 2 제6항
> 제5항의 규정에 의한 재임용 심의를 신청 받은 임면권자는 제53조의3의 규정에 의한 교원인사위원회의 재임용 심의를 거쳐 당해 교원에 대한 재임용 여부를 결정하고 그 사실을 임용기간 만료일 2월전까지 당해 교원에게 통지하여야 한다. 이 경우 당해 교원을 재임용하지 아니하기로 결정한 때에는 재임용하지 아니하겠다는 의사와 재임용 거부사유를 명시하여 통지하여야 한다.

◆ advice

임용거부처분은 교원이 기대하고 있는 재임용에 관하여 최종적으로 그 거부의 의사를 표시하는 것이므로 당해 교원이 납득할 수 있도록 구체적으로 그 사유를 기재하도록 해야 할 것입니다. 막연하게 '재임용기준 불충족'이라고 적거나, '기준점수 미달'이라고 적는 것은 피해야 할 것이며, 점수가 미달이라면 평가점수표를 적시하여야 하고, 특정 부분의 업적이 미달인 경우는 특정부분에서 업적이 어떻게 미달이 되어 전체적으로 재임용기준에 불충족 되었다는 것인지에 대하여 구체적으로 적어야 할 것입니다. 사실 대학에서는 이 부분에서 간략하게 기재함으로써 절차상의 하자로 다시 재심사를 하는 경우가 종종 있는데 구체적으로 적는다고 하여 대학에 어떠한 피해가 가지 않기 때문에 가급적 자세히 적겠다는 의지를 가지고 있어야 할 것입니다.

# 59 재임용 심사절차 ⑥ 소명기회의 부여

◆ 핵심포인트

　재임용거부 결정을 하는 경우에 있어서는 교원인사위원회의 심의결과를 통보하면서 15일 이상의 기간을 정하여 당해 교원에게 서면 또는 직접 출석하여 소명할 수 있는 기회를 부여해야만 합니다. 이러한 소명기회를 부여하기 위한 전단계로서 대학은 당해 교원에게 재임용심의결과 재임용을 하지 않기로 결정한 경우는 소명절차를 안내하면서 그 사유를 구체적으로 적어서 통보하여야 합니다. 이는 재임용 심사가 교원이 제출한 자료에 의하여만 평가되기 때문에 자칫 교원인사위원회의 심의과정에서 잘못된 점을 바로잡을 수 있는 기회를 보장하여 심의과정에서의 불이익을 최소화하기 위함입니다.

법령
- 사립학교법 제53조의 2 제7항
교원인사위원회가 제6항의 규정에 의하여 당해 교원에 대한 재임용 여부를 심의함에 있어서는 다음 각호의 사항에 관한 평가 등 객관적인 사유로서 학칙이 정하는 사유에 근거하여야 한다. 이 경우 심의과정에서 15일 이상의 기간을 정하여 당해 교원에게 지정된 기일에 교원인사위원회에 출석하여 의견을 진술하거나 서면에 의한 의견제출의 기회를 주어야 한다.

결정
- 교원소청 2011-33
재임용 심사 과정에서 청구인에게 업적평가결과를 통지하지 않았고, 업적재평가 과정에서 의견진술 기회를 부여하지 아니하였으므로 재임용거부처분은 위법함

◆ advice

이 부분 역시 대학에서 소홀히 하여 절차상의 하자로 재심사를 하게 되는 빈번한 사유 중에 하나입니다. 교원인사위원회 심의 결과 재임용을 하지 않는 것으로 결론이 났다면 그에 대한 구체적인 사유를 적어 당해 교원이 소명을 함에 있어 자신의 의견을 충분히 밝히도록 해야 할 것입니다. 만약 재임용탈락의 사유를 간략하게 적어 교원이 충분한 소명을 할 수 없었다고 판단되면 그 재임용거부처분은 절차상의 하자로 위법하게 됩니다.

# 60 재임용 심사절차 ⑦ 심의 후 거부 처분의 과정

◆ 핵심포인트

재임용 심사 결과 재임용을 하지 않기로 결정을 하고 소명의 기회를 부여하였음에도 위 결론이 바뀌지 않는다면 대학은 당해 교원에게 재임용을 하지 않겠다는 최종 통보를 해야 합니다. 이 경우 학교의 장이 제청을 하여 이사회의 심의 의결을 거친 후 임면권자인 이사장 명의로 당해 교원에게 재임용거부처분을 문서로서 통지하면 될 것입니다. 만약 학교장의 제청 절차를 생략하거나 이사회 의결 없이 이루어진 재임용거부처분은 절차상의 하자로 무효가 될 수 있으므로 주의해야 할 것입니다.

> 법령
>
> - 사립학교법 제53조의 2 제1항 1호
> 학교법인 및 법인인 사립학교경영자가 설치·경영하는 사립학교의 교원의 임면은 당해 학교의 장의 제청으로 이사회의 의결을 거쳐야 한다.

◆ advice

사립학교법 제53조의 2 제2항에 의하면 대학교육기관은 정관의
규정에 따라 학교의 장이 임면권을 행사할 수 있으므로, 정관에서
임면권이 학교의 장에게 위임되어 있는 경우에는 학교장의 제청과
정은 생략할 수 있을 것입니다.

# 61 재임용거부결정의 통지권자

◆ 핵심포인트

재임용거부처분은 교원의 임면에 관한 사항에 속하므로 임면권자가 통지를 해야 합니다. 만약 교원의 임면권이 정관으로 총장에게 위임되어 있으면 총장이 통지권자가 될 것이며, 총장에게 위임되어 있지 않다면 이사장이 통지권자가 될 것입니다.

법령
-사립학교법 제53조의 2 제1항
각급학교의 교원은 당해 학교법인 또는 사립학교경영자가 임면하되, 다음 각호의 1에 의하여야 한다.
1. 학교법인 및 법인인 사립학교경영자가 설치·경영하는 사립학교의 교원의 임면은 당해 학교의 장의 제청으로 이사회의 의결을 거쳐야 한다.
2. 사인인 사립학교경영자가 설치·경영하는 사립학교의 교원의 임면은 당해 학교의 장의 제청에 의하여 행하여야 한다.

결정
- 교원소청 2009-32
피청구인의 정관 제36조(임면) 제3항은 '학교의 장 이외의 교원은 인사위원회의 심의를 거쳐 당해 학교의 장의 제청으로 이사회 의결을 거쳐 이사장이 임면한다.'라고 되어 있고, 제4항은 '제3항에도 불구하고 ○○대학교 교원은 다음 각호와 같이 임용한다. 1. 교원을 임용하는 때에는 다음의 계약조건을 정하여 총장이 임용한다.'고 명시하여 교원의 임면권은 학교법인의 위임을 받은 총장에게 있음을 알 수 있는데, 피청구인의 교원인사위원회 위원장이 2008. 12. 30. 청구인에게 임용기간 만료 사실을 통지하였는바, 이는 사립학교법 제53조의 2와 피청구인 정관 제36조를 위배한 위법 부당한 처분이라 할 것이다.

◆ advice

재임용 심사 결과 재임용을 하지 않기로 결정한 경우는 이사회 의결을 거쳐서 교원의 임면권자가 최종 통지를 해야 합니다. 그런데 간혹 교원인사위원회 위원장 또는 본부장이나 팀장 명의로 재임용거부처분서가 발령되는 경우가 있는 바, 교원의 임면에 관한 중요사항을 교직원이나 보직자가 통보한다는 것은 있을 수 없는 일이므로 반드시 이사장 또는 총장에게 위임된 경우 총장이 통지를 해야 할 것입니다.

# 재임용거부통지서 서식

| 소속 | 직위(급) | 성명 |
|---|---|---|
|  |  |  |

| 임용기간 | |
|---|---|
| 재임용거부사유 | 구체적으로 기재 |

상기인은 ○○대학교 교원 재임용과 관련하여 ○○학교법인 제○○차 이사회의 결의에 따라 재임용거부처분 되었음을 통지합니다.

○○○○년 ○○월 ○○일

○○학교법인 이사장 (인)

재임용이 거부된 교원이 재임용거부처분에 대하여 불복하고자 하는 경우에는 교원지위향상을 위한 특별법 제9조에 의하여 그 처분이 있음을 안 날로부터 30일 이내에 교원소청심사위원회에 심사를 청구할 수 있습니다.

# 62 재임용 심사기준

◆ 핵심포인트

 재임용 심사기준은 학생교육에 관한 사항, 학문연구에 관한 사항, 학생지도에 관한 등 객관적인 사유로서 학칙이 정하는 사유에 근거하여야 합니다. 따라서 첫째 학칙으로 명확하게 재임용 심사기준을 정하고 있어야 하며, 둘째 객관적인 사유여야 하며 심사권자의 재량으로 재임용여부를 결정할 수 있을 정도로 주관적인 기준은 위법한 것이 되고, 셋째 교원의 역할과 전혀 무관한 사유를 재임용 심사기준으로 삼아서는 아니 될 것입니다.

법령
- 사립학교법 제53조의 2 제7항
교원인사위원회가 제6항의 규정에 의하여 당해 교원에 대한 재임용 여부를 심의함에 있어서는 다음 각호의 사항에 관한 평가 등 객관적인 사유로서 학칙이 정하는 사유에 근거하여야 한다.
1. 학생교육에 관한 사항
2. 학문연구에 관한 사항
3. 학생지도에 관한 사항

판결

- 서울행정법원 2008. 3. 5. 선고 2007구합26131 판결

원고는 교수적성분야의 평가기준을 '학생지도의 성실성' 항목, '교육개발의 진취성' 항목, '교수로서의 자질' 항목으로 나누고 그 평가지표를 '3', '2', '1', 'N'으로 나누고 있기는 하나, 위 평가항목을 위 평가지표에 따라 평가하기 위한 구체적인 세부기준 및 방법에 관하여 달리 정하고 있지 아니하여 객관적 평정 준거가 미약하고 평가자의 주관과 자의성이 개입될 소지가 큰 점, (…중략…) 특히 위 평가항목들의 평정결과를 종합하여 재임용추천 여부에 관한 최종판정을 내리기 위한 최소한의 가이드라인(즉, 3개 평가항목의 합산점수가 몇 점 이하이거나 N으로 평가된 평가항목이 몇 개 이상이면 부적격으로 평가한다는 식의 기준)조차 마련되어 있지 않은 점, (…중략…) 공정성을 상실한 심사기준에 의해 재임용 심사가 이루어진 이상 그에 따른 평정은 그 자체로 불공정하다고 볼 수 있으므로, 피고의 이 사건 결정은 위법하다.

◆ advice

최근 대학은 강의전담 교원, 연구전담 교원 등 다양한 형태의 교원제도를 운영하고 있는 바, 강의전담 교원에게 강의평가만을 근거로 재임용여부를 심사하는 것, 연구전담 교원에게 연구실적만을 근거로 재임용여부를 심사하는 것은 위법하다고 볼 수 없습니다. 그러나 평가항목과 평가방법을 마련해 놓고 있는 것처럼 보이나 실제로 적용과정에서 평정자의 주관이 개입될 여지가 많다면 이는 위법

한 기준이 되므로, 가급적 평가항목과 평가방법을 세부적으로 구분하고 평정의 근거를 적도록 하여 평정자의 자의가 개입되지 않도록 해야 할 것입니다.

# 재임용심의 평정표 예시

| 대상자 | 소속 : ○○대학교 ○○학과<br>직명 : 조교수 성명 : | | 평정점 | 비고 |
|---|---|---|---|---|
| | 평가기준 | 평점 | | |
| (1) 교육활동(40점) | (1) 책임시간 | 15 | | |
| | (2) 학위배출 | 10 | | |
| | (3) 강의평가 | 5 | | |
| | (4) 진료 등 | 10 | | |
| | 소계 | 40점 | | |
| (2) 연구활동(40점) | (1) 연구실적물 | 20 | | |
| | (2) 총괄연구실적물 | 15 | | |
| | (3) 기타 연구활동 | 5 | | |
| | 소계 | 40점 | | |
| (3) 봉사활동(10점) | 교내·외 활동(보직, 위원회 참가) 등 | | | |
| (4)기관장 평가(10점) | 교수로서의 인격과 품위, 청렴도, 근무태도, 근무상황실적, 법령위반, 사회적 물의 야기 등 종합평정(총장 1/2, 학장 1/2) | | | |
| | 소계 | 10점 | | |
| (5) 가산점(5점) | | | | |
| 합계 | | 100점 | | |
| 종합의견 | 1차평정자 | 학장 | | |
| | 2차평정자 | 총장 | | |

○○대학교 ○○대학장 성명 　(인)

○○대학교 총장 성명 　(인)

# 63 평가기준을 내부적으로만 수립한 경우

◆ 핵심포인트

재임용 심사기준은 학칙이 정하는 바에 따라 합리적이고 객관적이어야 하며 교원이 쉽게 접근할 수 있도록 공개되어야 할 것입니다. 만약 재임용 심사기준을 교원에게 공개하지 않는다면 교원은 자신이 어떠한 항목에 따라 평가를 받는지 예측할 수 없으므로 이는 공정한 심사를 받을 권리를 침해하는 것이 됩니다.

법령

- 사립학교법 제53조의 2 제7항
교원인사위원회가 제6항의 규정에 의하여 당해 교원에 대한 재임용 여부를 심의함에 있어서는 다음 각호의 사항에 관한 평가 등 객관적인 사유로서 학칙이 정하는 사유에 근거하여야 한다.

결정

- 교원소청 2010-116
별도 평가기준을 교원인사규정 등 학칙에 근거 없이 내부적으로만 수립하여 공개하지 않은 점, 평점 부여를 위한 객관적 기준이 마련되어 있지 않아 평정자의 주관과 자의가 개입될 소지가 있음에도 평가에 대한 객관적인 입증자료가 없는 점 등을 종합할 때 합리적이고 객관적인 재임용 심사를 받을 권리를 침해한 위법부당한 처분임

◆ advice

재임용 심사기준은 교원인사규정 또는 교원업적평가 규정 등에 상세히 규정을 하여 언제라도 교원이 이를 열람할 수 있도록 하여야 할 것입니다. 또한 규정이 개정되어 재임용기준이 변경되는 경우라면 항시 교원에게 이메일 또는 공문을 통해 발송을 함으로써 교원이 변경된 기준을 숙지할 수 있도록 하고, 교원이 변경된 규정을 숙지했다는 것에 대하여는 이메일 수령사실 또는 공문수령사실 등을 통해 입증자료를 확보해야 할 것입니다.

# 재임용 재심위원회에서 결정한 심사기준의 적용여부

◆ 핵심포인트

   재임용 심사 과정은 대학마다 다르게 두고 있는 바, 재임용 재심사 과정에서 재심위원회가 기존의 재임용 심사기준 외에 별도로 교원에게 유리하게 적용을 하겠다고 결정을 하였다면 이 결정에 따라 교원에게 유리한 규정의 적용을 해야 할 것이며, 이에 반하는 평정은 위법한 것이 될 수 있습니다.

법령

- 사립학교법 제53조의 2 제7항
교원인사위원회가 제6항의 규정에 의하여 당해 교원에 대한 재임용 여부를 심의함에 있어서는 다음 각호의 사항에 관한 평가 등 객관적인 사유로서 학칙이 정하는 사유에 근거하여야 한다.

판결

- 서울행정법원 2012구합5121 판결
강의평가 결과에 대하여는 재심위원회에서 원고에 대한 2011-1학기 강의평가 결과를 합산하기로 결정하였으므로 이에 따라 심사대상 기간 중

강의평가 상위에 따른 교육영역 점수를 다시 계산하면, 원고는 강의평가가 상위 67.29%에 해당하여 전문교수 재임용 심사기준상 50점에 해당하고, 위 교육영역 50점에 교육활동영역의 평가점수를 더하더라도 원고는 재임용기준 점수인 70점을 상회하고

◆ advice

위 판결의 사안은 강의평가의 경우 재임용 심사 기간의 마지막 학기에 해당하는 평가결과는 본래 제외하기로 하였으나, 재임과정에서 재심위원회가 이를 반영해 주기로 결정했음에도 불구하고 최종 판단에서는 마지막 학기의 강의평가 결과를 배제하고 결정했으므로 위법하다는 사안입니다. 따라서 교원인사위원회 또는 재심위원회에서 기존의 기준과 다른 교원에게 유리한 기준을 적용하기로 결정한 바 있다면 이에 따라 평정을 해야 할 것입니다.

# 65 심사기준 소급적용의 문제

◆ 핵심포인트

교원임용 당시의 재임용 심사기준이 임용기간 도중 변경된 경우, 교원에게 유리하게 변경이 되었다면 변경된 기준을 적용하더라도 교원에게 발생하는 불합리함은 없으므로 허용된다고 볼 것입니다. 그러나 교원에게 불리하게 변경된 경우는 교원의 신뢰침해 정도와 개정된 기준의 공익성(개정취지)을 비교형량하여 교원의 신뢰침해의 정도가 크다면 이는 허용될 수 없다고 보아야 할 것입니다.

법령

- 사립학교법 제53조의 2 제7항
교원인사위원회가 제6항의 규정에 의하여 당해 교원에 대한 재임용 여부를 심의함에 있어서는 다음 각호의 사항에 관한 평가 등 객관적인 사유로서 학칙이 정하는 사유에 근거하여야 한다.

결정

- 교원소청 2009-308
사립학교법 제53조의 2 제6항에서 재임용심의를 거쳐 임용기간 2월 전까지 재임용여부를 당해 교원에게 통지하도록 규정하고 있는 점에 비추어 볼 때, 임용기간 만료일이 1개월도 남지 않은 시기에 새로 소급적용한 것은 청구인의 신뢰보호를 크게 침해한 것이라 할 것이다.
- 교원소청 2009-285

피청구인이 청구인의 신뢰보호이익을 침해할 정도로 교원인사규정을 부진정 소급 개정하면서도 유일한 재임용기준인 강의평가 점수를 급격하게 상향조정하였고, 재임용점수가 부족한 자에 대하여 소속교원 2/3 이상의 동의를 요구하는 요건을 신설하였으며, 청구인과 같은 처지에 있는 교원들의 강의평가 점수가 대부분 개정 기준에 미달됨에도 객관적 기준 없이 청구인만 탈락시키고 나머지 교원들은 모두 구제하여 준 점 등 제반사정을 종합하여 볼 때, 이건 처분은 위법 부당함

◆ advice

부득이한 사정에 의하여 재임용 심사기준을 변경해야 한다면 이를 교원에게 사전에 공지하여 의견수렴 과정을 거치고 공개된 장소에서 설명회를 갖거나 자료를 배부하여 교원에게 충분히 인지가 될 수 있도록 하여야 할 것이며, 평가대상 임용기간의 1/2을 지난 시점 등에 변경을 한다면 교원의 신뢰보호 이익이 침해될 가능성이 크다고 보여지므로 경과규정을 둔다거나 상대적인 기준을 임시 적용한다거나 하여 가급적 교원에게 예측가능성을 보장하고 불합리한 점이 없도록 하여야 할 것입니다.

# 66 재임용 심사 대상기간

◆ 핵심포인트

재임용 심사 대상기간은 통상 임용시부터 임용기간 만료일까지로 볼 것입니다. 그러나 사립학교법에서 재임용여부의 결정을 임용기간 만료 2월 전까지 통보하도록 규정하고 있기 때문에 대부분의 대학은 임용기간 만료일 수개월 전을 기준점으로 하여 그때까지의 실적을 토대로 재임용여부의 결정을 하고 있습니다. 이는 미리 학칙으로 규정을 한 경우 적법하다고 볼 것입니다.

휴직, 연구년, 징계처분이 무효로 된 경우 등 교원에게 귀책사유가 없이 대상기간 내에 근무를 정상적으로 할 수 없었던 기간은 그 기간을 심사기간에서 제외하거나 아니면 다른 교수들과의 형평성을 고려하여 상대적인 기준을 마련하여 그 기준에 따라 심사를 하여야 할 것입니다.

법령
- 사립학교법 제53조의 2 (학교의 장이 아닌 교원의 임면)
③ 대학교육기관의 교원은 정관이 정하는 바에 따라 근무기간·급여·근

무조건, 업적 및 성과약정등 계약조건을 정하여 임용할 수 있다. 이 경우 근무기간에 관하여는 국·공립대학의 교원에게 적용되는 관련규정을 준용한다.

⑦ 교원인사위원회가 제6항의 규정에 의하여 당해 교원에 대한 재임용 여부를 심의함에 있어서는 다음 각호의 사항에 관한 평가 등 객관적인 사유로서 학칙이 정하는 사유에 근거하여야 한다.

결정
- 교원소청 2011-297
피청구인의 부당한 면직처분으로 인해 청구인이 정상적으로 근무할 수 없는 기간에 대해서도 다른 교원과 동일한 업적을 요구하여 재임용을 심사한 후, 기준점수 미달로 재임용을 거부한 것은 위법함

◆ advice

재임용 심사 과정에서 교원이 휴직 또는 부당한 징계처분, 직위해제 처분 등으로 인하여 정상적으로 근무할 수 없었던 경우 재임용 심사기준을 적용함에 있어서는 이러한 기간을 감안하여야 할 것입니다. 가령 연구실적을 200% 충족해야 하는데 부득이한 사유로 임용기간의 1/2 밖에 근무하지 못하였다면 100%를 적용하다거나 또는 교육영역의 경우 실제 학교에 근무하지 못하였다면 이 부분 적용을 배제하는 등의 합리적인 기준을 적용해야 하는 것입니다.

# 67 연구실적물의 제출기한

◆ 핵심포인트

　재임용 심사는 통상 임용기간 만료일 2월 전에 이루어지고 그 즈음에 재임용여부의 결정을 하게 됩니다. 그런데 연구실적물, 특히 논문의 경우 심사 당시에는 게재되지 않았으나 임용기간 만료일 전에 게재가 확실시 되는 경우 어떻게 처리를 해야 할지가 문제될 수 있습니다. 이 경우는 당해 교원이 게재예정증명서를 제출한다면 이를 실적으로 인정하면 될 것입니다.

법령
- 사립학교법 제53조의 2 (학교의 장이 아닌 교원의 임면)
③ 대학교육기관의 교원은 정관이 정하는 바에 따라 근무기간·급여·근무조건, 업적 및 성과약정등 계약조건을 정하여 임용할 수 있다. 이 경우 근무기간에 관하여는 국·공립대학의 교원에게 적용되는 관련규정을 준용한다.
⑦ 교원인사위원회가 제6항의 규정에 의하여 당해 교원에 대한 재임용 여부를 심의함에 있어서는 다음 각호의 사항에 관한 평가 등 객관적인 사유로서 학칙이 정하는 사유에 근거하여야 한다.

결정

- 교원소청 2007-473

그렇나면, 비록 피청구인이 정한 기일에 청구인이 연구실적을 제출하지 못하여 관련규정을 위반한 것이기는 하나, 그 논문에 게재예정증명서가 첨부되어 있는 점, 그 논문이 부교수 근무기간 내의 것이고 이에 대하여 피청구인 대학에서 '교원인사규정 제5조(임용기간)의 〈별표 1〉' 외에 연구실적에 대해 달리 규정한 것이 없는 점 그리고 외부심사를 받지 않아도 되는 전문학술지에 게재예정인 논문인 점 등을 종합적으로 고려할 때 이를 연구실적으로 인정해 주어도 무방하다 할 것이다.

◆ advice

본래 재임용 심사는 임용기간 동안의 업적 등을 평가하겠다는 것이므로 특별한 사정이 없는 한 임용기간 내에 논문이 게재될 것이 확실시 되는 사정이 있다면 이는 연구실적으로 인정을 해야 할 것입니다.

## 68 연구실적물의 심사절차

◆ 핵심포인트

재임용 심사기준이 일정 수준의 연구실적물을 충족할 것을 요구하는 경우 재임용 심사 과정에서 교원으로 하여금 연구실적물 중 일부를 선정하여 제출하라고 한 후, 그 연구실적물을 심사한 결과 재임용 심사기준을 충족하지 못하는 것으로 판명되었다면, 다른 연구실적물을 제출하여 재심사를 할 기회를 주어야 할 것입니다.

법령
- 사립학교법 제53조의 2 (학교의 장이 아닌 교원의 임면)
⑦ 교원인사위원회가 제6항의 규정에 의하여 당해 교원에 대한 재임용 여부를 심의함에 있어서는 다음 각호의 사항에 관한 평가 등 객관적인 사유로서 학칙이 정하는 사유에 근거하여야 한다. 이 경우 심의과정에서 15일 이상의 기간을 정하여 당해 교원에게 지정된 기일에 교원인사위원회에 출석하여 의견을 진술하거나 서면에 의한 의견제출의 기회를 주어야 한다.

결정
- 교원소청 2007-519

피청구인이 청구인의 연구실적물을 심사함에 있어 청구인의 임용기간 내 발표한 모든 연구실적물을 심사하거나 연구실적물 중 일부를 선정하여 차례로 재임용동과 기준 200%를 충족하는지 여부를 살펴야 함에도 청구인에게 실적물을 선정·제출토록 하고 2편의 논문만을 심사하여 한편의 논문이 '우' 미만의 평가를 받았다는 사유만으로 청구인에 대한 재임용 거부처분을 한 것은 부당하여 취소함.

◆ advice

재임용 심사는 임용기간 내의 모든 실적을 토대로 하여 당해 교원이 재임용 심사기준에 충족하는 연구업적이 있는지 여부를 판단하는 것이므로, 일부 연구실적물을 검토한 결과 그 수준이 기준 미달로서 연구실적으로 인정될 수 없다고 판단된다면, 당해 교원에게 다른 연구실적물의 제출 기회를 부여하여 다른 연구실적물을 제출한 경우 충분히 재임용 심사기준을 충족시킬 수 있었다면, 당해 교원은 재임용 심사를 통과할 수 있었던 교원이므로 이러한 기회를 부여하지 않고 재임용에서 탈락시킨 것은 위법하다는 것입니다. 결국 재임용이라는 것은 당해 교원의 재임용기간 내의 모든 업적을 평가하겠다는 것이므로 이 취지를 잘 이해하여야 할 것입니다.

# 69 논문표절과 재임용거부처분

◆ 핵심포인트

재임용 심사기준에 일정 수준의 논문실적을 요구하도록 규정되어 있는데 제출된 논문이 표절의혹이 있는 경우 어떻게 처리해야 하는지에 관하여 의문이 있을 수 있습니다. 심사결과 표절의 점이 확실하고 중대하다고 판단된다면 이를 실적으로 인정하지 않을 수 있을 것입니다. 그러나 그 판단에 논란의 여지가 있거나 표절의 점이 경미하다면 곧바로 이를 실적으로 인정하지 않기 보다는 재임용 심사 과정에서는 실적으로 인정을 한 후 별도의 징계절차를 통해서 징계여부를 논하는 것이 합리적인 판단일 것입니다.

법령
- 사립학교법 제53조의 2 (학교의 장이 아닌 교원의 임면)
⑦ 교원인사위원회가 제6항의 규정에 의하여 당해 교원에 대한 재임용 여부를 심의함에 있어서는 다음 각호의 사항에 관한 평가 등 객관적인 사유로서 학칙이 정하는 사유에 근거하여야 한다. 이 경우 심의과정에서 15일 이상의 기간을 정하여 당해 교원에게 지정된 기일에 교원인사위원회에 출석하여 의견을 진술하거나 서면에 의한 의견제출의 기회

를 주어야 한다.

결정
- 교원소청 2010-33
청구인의 관련 논문이 대부분 중복되고 청구인의 기여 역할이 분명하지 않으며, 청구인이 주장하는 제반사정을 감안하더라도 타인의 논문을 인용표시 없이 게재한 것은 정당한 연구업적으로 인정받을 수 없음

◆ advice

재임용 심사는 그 사람의 업적 등에 관하여 평가를 하겠다는 것입니다. 논문표절의 경우는 위조, 변조, 중복게재, 인용표시 누락, 재인용표시 누락 등 여러 가지의 태양이 있습니다. 이러한 여러 가지 태양 중 논문실적으로 인정할 수 없는 경우는 자신의 기존 논문이나 타인의 논문을 거의 베끼는 수준으로 표절을 했거나, 위조 또는 변조의 정도가 심각한 수준인 경우로 볼 것입니다. 만약 논문표절의 정도가 경미하여 그 논문을 해당 교원의 업적으로 인정할 여지가 있다면 논문표절의 점은 별도의 징계절차에서 논의하는 것이 합리적이라고 보여집니다.

# 70 교원인사위원회의 재임용 심사결과 와 이사회 의결이 상반되는 경우

◆ 핵심포인트

교원인사위원회의 심의 결과 재임용기준을 충족하는 것으로 판단되어 총장이 재임용을 제청하였음에도 불구하고 이사회에서 재임용탈락의 의결을 하는 경우 적법한지 여부가 문제될 수 있습니다. 이 경우는 다시 교원인사위원회에 재심의를 하도록 하여 교원으로 하여금 다시 소명의 기회를 갖도록 한 후에 교원인사위원회에서 기존의 결정을 번복한다면 이를 이사회에서 심의하여 재임용여부의 결정을 하는 것이 가장 합리적이고 타당한 결론이라고 볼 것입니다.

법령

- 사립학교법 제53조의 3 (교원인사위원회)
① 각급학교(초등학교 · 고등기술학교 · 공민학교 · 고등공민학교 · 유치원과 이들에 준하는 각종학교를 제외한다)의 교원(학교의 장을 제외한다)의 임면 등 인사에 관한 중요사항을 심의하기 위하여 당해 학교에 교원인사위원회를 둔다.

- 사립학교법 제53조의 2 (학교의 장이 아닌 교원의 임면)

⑦ 교원인사위원회가 제6항의 규정에 의하여 당해 교원에 대한 재임용 여부를 심의함에 있어서는 다음 각호의 사항에 관한 평가 등 객관적인 사유로서 학칙이 정하는 사유에 근거하여야 한다. 이 경우 심의과정에서 15일 이상의 기간을 정하여 당해 교원에게 지정된 기일에 교원인사위원회에 출석하여 의견을 진술하거나 서면에 의한 의견제출의 기회를 주어야 한다.

결정

- 청구인이 교원인사위원회 심의 과정에서 피청구인의 신학적 정체성에 부합하는 등 재임용요건을 충족하는 것으로 평가되었고, 이에 총장도 재임용을 제청하였음에도, 이사회(신학위원회)에서 명확한 근거도 없이 청구인이 피청구인 대학의 신학 정체성에 부합하지 않는다고 평가하여 재임용을 거부한 것은 그 경위나 과정 그 자체만으로도 객관적이고 합리적인 사유로서 공정한 심사를 받을 권리를 침해한 것임

◆ advice

만약 교원인사위원회에서 심의 결과 재임용기준을 충족하는 것으로 판단하였음에도 불구하고 이사회에서 곧바로 재임용탈락을 결정한다면 사실상 교원으로서는 자신의 탈락사유에 대하여 충분한 소명을 하지 못한 것이 되고, 이러한 이사회 결정은 심각한 절차상의 하자가 있는 것으로 평가될 여지가 있습니다. 그렇기 때문에

이사회에서는 교원인사위원회의 심리과정에서 간과한 사실 등이 있다면 이를 지적하고 다시 심의를 하도록 하여 교원으로 하여금 충분한 소명을 할 수 있도록 한 후에 재임용 여부의 최종 결정을 하는 것이 바람직할 것입니다.

# 71 승진임용과 재임용 기간의 기산점

◆ 핵심포인트

교원이 임용기간 중에 승진을 하였고 임용기간이 만료되어 재임용 심사를 하여 재임용탈락처분을 한 경우에 있어, 승진을 한 때부터 임용기간은 새로이 기산되므로 임용기간이 만료되지 않은 자에 대한 재임용거부처분은 위법하다는 판단을 받을 수 있습니다. 따라서 임용기간 중에 승진임용을 하는 경우는 재임용기간을 다시 기산하여야 할 것입니다.

법령
- 사립학교법 제53조의 2 제3항
대학교육기관의 교원은 정관이 정하는 바에 따라 근무기간·급여·근무조건, 업적 및 성과약정등 계약조건을 정하여 임용할 수 있다. 이 경우 근무기간에 관하여는 국·공립대학의 교원에게 적용되는 관련규정을 준용한다.
- 교육공무원임용령 제5조의 3 제1항
제5조의 2의 규정에 의한 임용기간은 제5조의 규정에 의한 임용일을 기준으로 하여 계산하되, 재임 중에 승진·전직 또는 강임된 경우에는 그때

부터 다시 그 기간을 계산한다.

판결

- 서울중앙지방법원 2013. 7. 25. 선고 2012가합52699 판결

甲학교법인이 운영하는 대학교의 조교수로 임용된 乙이 임용기간 중에 부교수로 직위승진되었는데, 甲법인이 위 임용기간이 만료된 후 乙에 대하여 재임용거부처분을 한 사안에서, 사립학교법 제53조의 2 제3항, 교육공무원임용 령 제5조의 3 제1항 의 규정에 의하면 乙이 부교수로 승진한 때부터 임용기간이 새로이 기산되므로, 甲법인이 乙의 임용기간 중에 한 위 재임용거부처분은 실질적으로 면직처분 또는 이에 준하는 처분에 해당하여 사립학교법에서 정한 징계절차를 거쳐야 함에도 甲법인이 그 징계절차를 거치지 않았으므로 무효이고, 이는 그 자체로 사립학교법을 위반한 것이므로 객관적 주의의무를 결하여 정당성을 상실한 것으로서 乙에 대한 불법행위를 구성한다고 한 사례.


◆ advice


이 부분은 규정을 자세히 검토하지 않으면 간과하기 쉬운 부분이므로 재임용 심사 대상 교원인지 여부를 판단함에 있어 반드시 중간에 승진임용이 있었는지 여부를 살펴야 할 것입니다.

# 72 직급정년 규정

◆ 핵심포인트

직급정년이라 함은 조교수 또는 부교수 등의 직급에서 일정 기간 이상 근무하면서 승진을 하지 못하는 경우 퇴직하도록 규정하고 있는 것을 말합니다. 이러한 규정은 현행 사립학교법에서 규정하고 있는 재임용제도에 반하므로 대학에서 위와 같은 규정에 근거하여 임용기간이 만료되는 교원에게 재임용 심사절차를 이행하지 않고 면직처분을 하면 위법하게 됩니다.

법령
- 사립학교법 제53조의 2 (학교의 장이 아닌 교원의 임면)
④ 제3항의 규정에 의하여 임용된 교원의 임면권자는 당해 교원의 임용기간이 만료되는 때에는 임용기간 만료일 4월전까지 임용기간이 만료된다는 사실과 재임용 심의를 신청할 수 있음을 당해 교원에게 통지(문서에 의한 통지를 말한다. 이하 이 조에서 같다)하여야 한다.
⑥ 제5항의 규정에 의한 재임용 심의를 신청 받은 임면권자는 제53조의3의 규정에 의한 교원인사위원회의 재임용 심의를 거쳐 당해 교원에 대한 재임용 여부를 결정하고 그 사실을 임용기간 만료일 2월전까지 당

해 교원에게 통지하여야 한다. 이 경우 당해 교원을 재임용하지 아니하기로 결정한 때에는 재임용하지 아니하겠다는 의사와 재임용 거부 사유를 명시하여 통지하여야 한다.

판결
- 서울행정법원 2009. 10. 22. 선고 2009구합31441 판결
참가인 학원은 ○○대학교 인사 규정 제17조 (재임용의 제한)에 기하여 직급정년이 만료되었음을 재임용거부 사유의 하나로 삼았는바, 직급정년 규정은 기간제로 임용된 교원에 대하여 재임용 심의 신청권을 보장한 사립학교법 제53조의 2 강행규정에 위반하여 재임용 심사절차를 실질적으로 배제하는 것으로 무효이고, 따라서 원고에 대한 재임용거부의 사유가 될 수 없다.

◆ advice

사립학교 교원에 대하여 재임용 심사 신청권을 보장한 사립학교법 제53조의 2 제4항 내지 제8항은 강행규정이라고 할 것이므로, 기간제로 임용된 교원에 대하여 승진심사 및 재직기간 제한을 매개로 위 사립학교법 규정이 보장하는 재임용 심사절차를 실질적으로 배제함으로써 이를 잠탈하는 것은 무효라고 보아야 합니다.

# 73 징계사유와 재임용 심사의 관계

◆ 핵심포인트

징계를 받은 교원에 대하여 재임용 심사를 함에 있어 재임용 심사기준에 따라 평가를 하지 않고 징계를 받았음을 이유로 하여 재임용에서 탈락시킨다면 이는 위법하다는 판단을 받게 됩니다.

법령
- 사립학교법 제53조의 2 (학교의 장이 아닌 교원의 임면)
⑦ 교원인사위원회가 제6항의 규정에 의하여 당해 교원에 대한 재임용 여부를 심의함에 있어서는 다음 각호의 사항에 관한 평가 등 객관적인 사유로서 학칙이 정하는 사유에 근거하여야 한다. 이 경우 심의과정에서 15일 이상의 기간을 정하여 당해 교원에게 지정된 기일에 교원인사위원회에 출석하여 의견을 진술하거나 서면에 의한 의견제출의 기회를 주어야 한다.
1. 학생교육에 관한 사항
2. 학문연구에 관한 사항
3. 학생지도에 관한 사항

- 대법원 2008. 2. 28. 선고 2008두471 판결
징계사유에 해당하는 비위행위는 징계규정에 따른 징계절차에서 그 경중
이 논해져야 하며, 직접적으로 재임용거부사유로 명기하여 재임용거부처
분을 해서는 아니된다.

◆ advice

징계사유가 재임용 심사 평정의 항목(교원으로서의 품위유지 또
는 학교발전에 기여도 등)으로 기능할 수 있는 경우라면 그 항목에
는 평가 자료로 삼을 수 있을 것이나, 재임용 심사 평정항목과 전혀
무관함에도 불구하고 징계사유를 이유로 하여 재임용거부처분을
한다면 이는 위법하다는 판단을 받을 수 있습니다.

# 74 재임용 취소 후 징계해임이
가능한지

◆ 핵심포인트

  교원에 대한 재임용을 한 후에 뒤늦게 재임용 취소 사유가 발생하여 재임용취소를 한 경우 대학에서 재임용 후 취소되기 전까지의 징계사유를 가지고 당해 교원을 해임할 수 있는지 의문이 들 수 있습니다. 가령 2010. 3. 1.자로 재임용을 하였고 2010. 11월경 징계사유가 발생하였으며 2011. 3월경에 재임용취소 사유가 발견되어 2011. 5월경에 재임용취소를 한 후에 2011. 8월경에 다시 징계로 해임처분을 할 수 있는지의 문제입니다.

  이 경우 당해 교원이 재임용취소처분의 적법 여부를 다툴 수 있기 때문에 법원의 판결 등을 통해 재임용취소처분이 무효로 되면 다시 해임처분의 적법 여부를 판단받기 위해서 징계자체는 가능하다고 보아야 할 것입니다.

---

법령
- 사립학교법 제61조 (징계의 사유 및 종류)

---

① 사립학교의 교원이 다음 각호의 1에 해당하는 때에는 당해 교원의 임면권자는 징계의결의 요구를 하여야 하고, 징계의결의 결과에 따라 징계처분을 하여야 한다.
1. 이 법과 기타 교육관계법령에 위반하여 교원의 본분에 배치되는 행위를 한 때
2. 직무상의 의무에 위반하거나 직무를 태만히 한 때
3. 직무의 내외를 불문하고 교원으로서의 품위를 손상하는 행위를 한 때
② 징계는 파면·해임·정직·감봉·견책으로 한다.

판결
- 서울중앙지방법원 2013. 11. 5. 선고 2013가합515951 판결
살피건대, 피고가 2012. 12. 20. 원고에 대한 재임용을 취소한 사실은 앞서 본 바와 같고, 이로 인하여 원고는 교원의 지위를 상실하게 되었다고 볼 것이나, 재임용에 관한 다툼을 통하여 원고가 교원의 지위를 회복할 가능성이 있으므로, 재임용취소 이후 해임이 이루어졌다는 사정만으로 이 사건 해임처분이 무효라고 보기는 어렵다.

◆ advice

재임용취소를 하게 되면 당해 교원이 교원의 신분을 상실하게 되므로 해임처분은 교원의 지위가 상실된 자에 대한 것으로 실익이 없다고 볼 여지가 있으나, 교원이 민사소송 등을 통해 재임용취소의 효력을 다투게 되고 법원으로부터 재임용취소가 무효라는 판단을 받을 경우 당해 교원을 뒤늦게 징계하고자 하는 경우 징계시효의

문제에 직면하게 될 수 있으므로 이 경우는 재임용 취소처분 후에 다시 징계절차를 밟아 징계까지 하는 것이 무리가 없을 것입니다.

# 75 교원인사위원회 이전에 재임용 대상 교원 여부를 결정하는 경우

◆ 핵심포인트

사립학교법 제53조의 2 제7항은 교원인사위원회가 당해 교원에 대한 재임용여부를 심의하도록 규정하고 있습니다. 따라서 학칙으로 교원인사위원회 평가 이전에 학부평가 등을 통해 재임용 대상 교원 여부를 구별하고 이 기준을 통과한 교원에 대하여만 교원인사위원회의 평가를 받도록 규정하는 것은 위법한 것입니다.

법령
- 사립학교법 제53조의 2
⑦ 교원인사위원회가 제6항의 규정에 의하여 당해 교원에 대한 재임용 여부를 심의함에 있어서는 다음 각호의 사항에 관한 평가 등 객관적인 사유로서 학칙이 정하는 사유에 근거하여야 한다.

판결
- 서울행정법원 2008. 3. 5. 선고 2007구합26131 판결
재임용대상 교원의 교수적성분야에 관한 소속 해당학과 교수들의 평정

결과가 대상교원의 재임용여부에 결정적인 영향을 미치는 것으로 보이는데, 이러한 평정절차는 사립학교법상 존재하지도 않을 뿐만 아니라, 사립학교법상 규정된 교원인사위원회의 재임용 심사절차 이외에 별도의 절차를 두어 재임용 심사절차를 강화하는 것은 문제가 되지 않을 것이나, 오히려 이러한 별도의 절차가 교원인사위원회의 재임용 심사절차를 사실상 대체한다든지 또는 객관성을 잃은 자의적인 절차로서 오히려 공정한 재임용 심사를 저해하는 것으로 기능한다면 이는 사립학교법의 취지에 위배된다고 볼 것이다

◆ advice

특정 대학이 학과 평가에서 70점 이상을 받은 경우만 재임용자격이 주어지고 이 교원이 다시 실적을 가지고 교원인사위원회로부터 재임용여부의 평가를 받도록 규정하고 있었는데, 이 규정은 소청 및 행정법원으로부터 위법하다는 판단을 받은 바 있습니다. 따라서 사전에 교원인사위원회의 평가를 받을 기회를 원천적으로 봉쇄하는 것은 위법한 것이며, 사실상 학과 평가의 경우 객관성을 담보하기도 어렵다고 볼 것입니다.

# 76 재임용거부처분과 재임용취소 처분의 구별

◆ 핵심포인트

임용기간이 만료된 경우 재임용 심사를 통해 재임용여부의 결정을 하게 되며 이 과정에서 재임용기준을 충족하지 못한 교원은 대학으로부터 재임용거부처분을 받게 됩니다. 그런데 재임용 심사를 통해 재임용 기준을 충족하여 재임용이 된 교원이 그 이후에 재임용 당시 제출한 업적 등이 허위로 밝혀지거나 위조 등으로 밝혀지는 경우, 대학에서는 재임용에 대한 취소처분을 할 수 있는 바, 이는 민법상 사기 또는 착오를 이유로 한 취소행위에 해당합니다.

> 법령
> - 민법 제109조 제1항
> 의사표시는 법률행위의 내용의 중요부분에 착오가 있는 때에는 취소할 수 있다. 그러나 그 착오가 표의자의 중대한 과실로 인한 때에는 취소하지 못한다.
> - 민법 제110조 제1항
> 사기나 강박에 의한 의사표시는 취소할 수 있다.

판결

- 서울고등법원 2011. 5. 25. 선고 2010누15621 판결

대학 교원인 원고는 재임용 심사 시 참가인에 대하여 자신의 정당한 연구 실적을 제출할 의무를 부담하는 점, 원고가 재임용 심사 과정에서 타인의 저서를 원고 자신의 단독 저서인 것처럼 표지만 바꾸어 제출하거나 자신을 포함한 4인 공저를 원고 자신의 단독 저서인 것처럼 표지만 바꾸어 제출한 점, 원고가 연구실적으로 제출한 저서가 위작인지 여부를 쉽게 알 수 없을 정도로 출판사를 동원하여서까지 저서 표지를 정교하게 조작하여 제출하여 재임용 심사 관여자가 그 위작 여부를 쉽게 확인하기 어려웠다고 보이는 점 등에 비추어 볼 때, 참가인에게 중대한 과실이 있었다고 할 수 없으므로, 참가인은 법률행위 중요부분에 관한 착오를 이유로 이 사건 재임용을 취소할 수 있다.

◆ advice

재임용 심사 후 재임용 된 교원에게서 연구업적의 허위 제출 기타 재임용 심사자를 기망하는 자료들을 제출한 점이 발견되는 경우, 이를 이유로 징계를 할 수도 있을 것이나 징계시효의 문제가 발생한다면, 재임용취소권의 행사는 이를 발견한 날로부터 3년, 위법한 자료제출 행위로부터 10년 이내에 가능하므로 재임용취소를 통해 목적을 달성할 수 있을 것입니다.

# 77 승진임용 거부의 처분성

◆ 핵심포인트

승진은 동종의 직무 내에서 상위의 직위에 임명하는 것을 말하며, 승진임용은 임용권자의 재량행위에 해당하므로, 승진임용 또는 승진대상탈락에 대하여는 일반적으로 처분성이 부정되어 교원소청심사위원회에 소청심사를 하거나, 또는 민사소송을 제기하더라도 각하 또는 기각될 것입니다.

판결

- 서울행정법원 2006. 5. 9. 선고 2005구합28478 판결
사립대학을 경영하는 학교법인의 정관과 교원인사규정에서 승진임용 자격의 요건을 정하고 있을 뿐 일정한 자격요건을 충족한 교원이 학교법인에 대하여 승진임용을 신청할 수 있거나 또 이에 대하여 승진임용 의무를 규정하고 있지 아니한 점, 승진임용 여부는 교원의 지위를 박탈하는 재임용거부와 달리 교원정원, 보직교수의 수, 학부조직, 학생수와 학교법인의 재정을 비롯한 학교법인에 대한 경영적 평가 등 여러 가지 사정에 의해 해마다 기준이 달라질 수 있는 것이고, 승진임용이 되지 아니한다고 하더라도 그 자체로 교원으로서의 지위에는 아무런 변동이 없다는 점 등을 이유로 학교법인의 정관과 교원인사규정의 승진임용 자격요건을 충족한 조

교수에 대한 부교수 승진임용 탈락 또는 거부가 교원지위향상을 위한 특별조치법 제9조 제1항에서 정한 교육인적자원부 교원소청심사위원회의 소청심사대상인 처분에 해당하지 않는다.

◆ advice

당일 직급에서 일정기간 동안 승진을 하지 못한 것을 이유로 재임용거부처분을 할 수 없는 것과의 연장선상에서 승진을 거부하더라도 이는 소청심사의 대상 또는 소송의 대상이 될 수 없다는 판결입니다. 따라서 교원이 대학으로부터 승진임용 조건을 갖추었는데도 불구하고 승진임용을 하지 않았음을 이유로 소청 또는 소를 제기한 경우 이는 기각될 것이며, 대학은 승진을 하지 못하였음을 이유로 재임용거부처분을 할 수는 없는 것입니다.

# 78 재임용거부처분 무효와 손해배상 청구의 당부

◆ 핵심포인트

재임용거부처분이 위법하다는 이유로 교원소청심사위원회에서 취소되더라도 대학에서는 교원을 재임용하지 않고 그대로 두는 경우가 있습니다. 이 경우 교원은 대학을 상대로 급여 상당의 손해배상청구를 할 수 있습니다. 그런데 교원소청심사위원회에서 재임용거부처분이 위법하다는 판단을 했다고 하여 곧바로 대학의 손해배상책임이 발생하지는 않는다는 것입니다. 손해배상청구가 인용되기 위해서는 대학이 당해 교원에 대한 재임용거부처분을 함에 있어 고의 또는 과실이 인정되어야 합니다. 이를 좀 더 풀어서 설명하면 단순히 절차상의 하자로 인하여 재임용거부처분이 위법하다고 판단되는 경우 대학은 손해배상의 책임이 없으며 사실상 절차상 하자를 치유하여 교원에 대한 재임용거부처분을 해도 무방하다는 것입니다.

절차상의 하자 외에 실질적으로 재임용기준을 충족하는 교원에 대하여 대학이 부당하게 재임용거부처분을 한 경우라면 특별한 사정이 없는 한 손해배상책임이 인정되며, 대학의 악의적으로 교원을 몰아내기 위하여 재임용거부처분을 한 경우라면 교원이 대학을 상대로 위자료 청구까지 가능하게 됩니다.

결국 재임용 기준을 충분히 충족하는 교원만이 대학을 상대로 손해배상을 받을 수 있는 것입니다.

법령

- 사립학교법 제53조의 2 (학교의 장이 아닌 교원의 임면)

④ 제3항의 규정에 의하여 임용된 교원의 임면권자는 당해 교원의 임용기간이 만료되는 때에는 임용기간 만료일 4월전까지 임용기간이 만료된다는 사실과 재임용 심의를 신청할 수 있음을 당해 교원에게 통지(문서에 의한 통지를 말한다. 이하 이 조에서 같다)하여야 한다.

⑤ 제4항의 규정에 의하여 통지를 받은 교원이 재임용을 받고자 하는 경우에는 통지를 받은 날부터 15일 이내에 재임용 심의를 임면권자에게 신청하여야 한다.

⑥ 제5항의 규정에 의한 재임용 심의를 신청 받은 임면권자는 제53조의3의 규정에 의한 교원인사위원회의 재임용 심의를 거쳐 당해 교원에 대한 재임용 여부를 결정하고 그 사실을 임용기간 만료일 2월전까지 당해 교원에게 통지하여야 한다. 이 경우 당해 교원을 재임용하지 아니하기로 결정한 때에는 재임용하지 아니하겠다는 의사와 재임용 거부 사유를 명시하여 통지하여야 한다.

⑦ 교원인사위원회가 제6항의 규정에 의하여 당해 교원에 대한 재임용 여부를 심의함에 있어서는 다음 각호의 사항에 관한 평가 등 객관적인 사유로서 학칙이 정하는 사유에 근거하여야 한다. 이 경우 심의과정에서 15일 이상의 기간을 정하여 당해 교원에게 지정된 기일에 교원인사위원회에 출석하여 의견을 진술하거나 서면에 의한 의견제출의 기회를 주어야 한다.

1. 학생교육에 관한 사항
2. 학문연구에 관한 사항
3. 학생지도에 관한 사항

판례

- 대법원 2010. 9. 30. 선고 2006다46131 판결

위법한 재임용거부로 인한 학교법인의 손해배상책임의 성립요건과 책임의 범위 기간임용제 대학교원에 대한 학교법인의 재임용거부결정이 재량권을 일탈·남용한 것으로 평가되어 그 사법상 효력이 부정된다고 하더라도 이것이 불법행위를 구성함을 이유로 학교법인에게 재산적 손해배상책임을 묻기 위해서는 당해 재임용거부가 학교법인의 고의 또는 과실로 인한 것이라는 점이 인정되어야 한다. 이를 위해서는 학교법인이 보통 일반의 대학을 표준으로 하여 볼 때 객관적 주의의무를 결하여 그 재임용거부결정이 객관적 정당성을 상실하였다고 인정될 정도에 이른 경우이어야 하며, 이때에 객관적 정당성을 상실하였는지 여부는 재임용거부사유의 내용 및 성질, 그러한 거부사유 발생에 있어서 해당 교원의 기여(관여) 정도, 재임용 심사절차에서 해당 교원의 소명 여부나 그 정도, 명시된 재임용거부사유 외에 학교법인이 재임용거부 판단에 실질적으로 참작한 사유의 유무 및 그 내용, 재임용 심사의 전체적 진행 경과 등 여러 사정을 종합하여 손해의 배상책임을 대학에게 부담시켜야 할 실질적인 이유가 있는지 여부에 의하여 판단하여야 한다.

이러한 판단을 거쳐 학교법인의 불법행위가 인정되는 경우에는 적법한 재임용 심사를 받았더라면 재임용을 받을 수 있었던 사립대학 교원은, 대학에 대하여 그러한 위법행위가 없었더라면 교원으로 임용되어 재직할 수 있었던 기간 동안 임금 상당의 재산적 손해배상을 청구할 수 있는데(대법원 2006. 3. 9. 선고 2003재다262 판결 등 참조), 그러한 재직 가능 기간

의 범위는 당해 대학의 재임용 심사기준의 전반적인 엄격성의 정도와 학문영역별(인문·사회·자연계열 등) 심사기준의 차이 여부, 당해 교원의 전공분야와 실제 재임용 현황(재임용율), 당해 대학의 재임용 및 승진임용의 구성 체계(동일직급 재직기간의 제한 여부, 재임용과 승진임용 사이의 심사기준의 차별성 여하), 당해 교원의 개인적 연구역량(이전에 재임용을 받은 횟수나 그 통과 수준, 당해 재임용 심사에서 재임용자격 인정기준과의 차이 정도) 등의 사정을 종합적으로 고려하여 개별적으로 판단하여야 하며, 반드시 위법한 재임용거부가 이루어진 당해 재임용기간 동안 지급받을 수 있었던 임금 상당액에 한정되는 것은 아니라고 할 것이다.

사립대학 교원이 위법한 재임용거부로 인하여 위와 같은 재산적 손해 외에 별도의 정신적 고통을 받았음을 이유로 위자료를 청구하기 위해서는, 학교법인이 재임용을 거부할 만한 사유가 전혀 없는데도 오로지 해당 교원을 대학에서 몰아내려는 의도 하에 고의로 다른 명목을 내세워서 재임용을 거부하였거나, 재임용거부의 이유로 된 어느 사실이 인사규정 등 소정의 재임용여부의 심사사유에 해당되지 아니하거나 재임용거부사유로 삼을 수 없는 것임이 객관적으로 명백하고 또 조금만 주의를 기울이면 이와 같은 사정을 쉽게 알아볼 수 있는 데도 그것을 이유로 재임용거부에 나아간 경우 등 재임용여부 심사에 관한 대학의 재량권 남용이 우리의 건전한 사회통념이나 사회상규상 용인될 수 없음이 분명한 경우이어야 한다.

◆ advice

대학의 입장에서는 절차상의 하자로 인하여 재임용거부처분이 위법하다는 판단을 받는다면 사실상 절차를 다시 밟아 재임용거부처분을 하면 될 것이나, 그 외 재임용 심사 자체를 잘못하여 재임용 기준을 충족하는 교원에 대하여 재임용거부처분을 한 것이라면 추후 민사상 손해배상청구를 당할 경우 패소의 가능성이 매우 높기 때문에 이러한 경우는 당해 교원을 곧바로 재임용하는 절차를 밟는 것이 현명한 것입니다. 다만, 법원에 따라 손해배상의 범위와 관련하여 당해 재임용거부처분을 받은 그 다음의 임용기간에 한정하는 경우도 있고, 재임용을 할 때까지 급여 상당의 손해배상을 인용하는 경우도 있으므로 이러한 부분은 참작할 여지가 있다고 볼 것입니다.

# **79** 부당한 면직기간 고려하지 않은 심사의 위법성

◆ 사건의 요지

피청구인이 부당한 면직처분으로 인해 청구인이 정상적으로 근무할 수 없는 기간에 대해서도 다른 교원과 동일한 업적을 요구하여 재임용 심사를 한 후, 기준점수 미달로 재임용을 거부한 사안

◆ 교원소청심사위원회 판단 : 2011-297 재임용거부처분 취소 청구

청구인은 재임용기간인 2007. 9. 1.~2011. 8. 31.(4년) 기간 중에서 근무한 기간은 총 10개월 정도임에도 위 관련규정에 의하면 다른 교수들과 동일한 200%의 연구실적을 요구한 것으로 보이는데 청구인의 귀책사유 없이 4년 중 10개월 정도만 근무하였으면 연구실적도 거기에 합당한 기준을 요구하여야 할 것임에도 4년을 근무한 다른 교수들과 동일한 기준을 요구한 것은 잘못되었다 할 것이다. 그렇다면 재임용기간 4년 중 약 10개월 정도 남짓한 기간 밖에 근무하지 못한 청구인에게 면직처분을 받지 아니한 다른 교수들과 동일하게 4년의 연구업적을 요구하는 것은 공평한 경쟁에 해당하지

도 않고 실체적으로 형평의 원칙에도 부합하지 않는 것으로 보여 이
건 재임용거부처분은 재량권을 일탈·남용하였다고 할 것이다.


◆ 결정의 의미

  적법한 절차에 따라 휴직을 하거나 또는 대학의 위법한 처분으로
인하여 근무를 할 수 없었던 기간은 재임용 심사 시에 이를 충분히
고려하여 상대평가를 하는 등의 방법을 마련하여 교원이 불이익을
받지 않도록 해야 한다는 결정입니다.

# 80 조건변경 재임용계약처분의 위법성

◆ 사건의 요지

교원업적평가 결과 재임용 기준점수를 충족하였음에도 불구하고, 학교측이 급여 및 근무조건 등을 불리하게 변경하는 재임용조건(안)을 제시한 사안

◆ 교원소청심사위원회 판단 : 2011-372 조건변경 재임용계약처분 취소 청구

청구인은 교원업적평가 결과 재임용기준(70점)을 초과하였음에도 불구하고 보직수행의 책임을 다하지 못하였고, 입학전형에서 과오를 범했다는 사유로 2011. 9. 15. 연구전담교원(산학협력전담)으로 신분전환 등 종전보다 불리한 재임용 조건(안)을 제시받아 결과적으로 재임용이 결렬되었다. 피청구인의 재임용 대상 교원 안내 공문(2011. 4. 11.)에 따라 청구인은 재임용 심사를 위한 자료를 제출하였고, 업적평가 결과 재임용 기준 점수를 초과하였음에도, 피청구인은 당초와 동일한 조건으로 재임용을 하지 않고 청구인의 신분을 '정년보장계열 전임교원'에서 '연구전담교원(산학협

력부문)'으로 전환하겠다는 내용을 통보하였고, '재임용 계약 체결에 관한 안내(2011. 9. 15.)'를 통해 청구인에게 '신분(연구전담교원), 급여, 인센티브, 부여업무, 평가' 등에 대하여 변경된 임용조건으로 재임용계약을 체결하자는 공문을 발송하였다. 이러한 조건변경 재임용은 실질적인 재임용거부처분에 해당한다 할 것으로 교원지위향상을 위한 특별법 제9조 제1항에서 정한 소청심사청구의 대상이 된다고 할 것이다. 청구인이 교원업적평가에서 재임용 기준 점수인 70점을 초과한 평균 88.3점을 받았음에도 피청구인이 보직수행의 책임 등을 사유로 연구전담교원으로 전환 등 종전보다 불리한 임용조건을 제시하여 결과적으로 재임용계약이 결렬되었는바, 피청구인이 재직 중인 교원을 연구전담 전임교원으로 임용하기 위해서는 '연구 혹은 강의전담 전임교원 인사관리 시행세칙' 제3조에 따라 본인의 요청이 있거나 강의가 불가능하다고 판단되는 경우라야 할 것인 바, 이 사건의 경우 청구인의 요청이 있지도 않았고, 강의가 불가능하다고 보이지 않음에도 피청구인이 자의적인 판단으로 청구인을 연구전담교원으로 전환하려 한 것은 부당하다.

그렇다면 이 사건은 청구인이 재임용 기준 점수를 초과한 점수를 받았음에도 정년보장계열 전임교원(부교수)으로 재임용하지 않고, 학칙 등이 정하는 객관적인 기준이나 특별한 사정없이 연구전담교원으로 임용조건을 제시한 것으로 부당한 재계약요구라 할 것이다.

◆ 결정의 의미

　재임용 심사 청구권은 임용기간이 만료되는 경우 교원에게 사립
학교법이 부여한 권리이며 이에 대하여 대학은 적법한 절차에 따라
재임용 심사를 하여 재임용기준을 충족하는 교원에 대하여는 다시
일정한 기간을 정하여 임용계약을 체결할 의무를 부담하게 됩니다.
이 경우 임용계약은 기존의 임용계약에 비추어 현저히 불리한 내용
을 포함할 수 없으며, 이러한 계약내용의 불리한 변경으로 인하여
사실상 교원을 재임용에서 탈락하는 결과를 초래하게 된다면 이는
위법하다는 평가를 면할 수 없는 것입니다.

# 81 재임용처분 일부 무효확인 청구

◆ 사건의 요지

 재임용기준을 충족한 교원에 대하여 종전의 임용기간보다 단축
하여 재임용하면서 처분기준을 학칙에 근거 없이 내부기준으로만
운영하고 사전통지를 하지 않아 항변의 기회를 박탈하는 등 절차상
중대한 하자가 있는 사안

◆ 교원소청심사위원회 판단 : 2010-136 재임용처분 일부 무효확
   인 청구

 청구인은 통상적으로 재임용이 되었다면 조교수로서 5년간의
임기가 보장됨에도, 피청구인은 조교수로서 5년간의 임기가 보장
된 재임용을 거부하고, 아무런 근거규정이나 합리적인 이유 없이
청구인의 의사에 반하여 일방적으로 임용기간을 2010. 3. 1.부터
2012. 2. 29.까지 2년간으로 하는 이 사건 재임용을 하면서 재임용
심의과정에서 사립학교법 제53조의 2 제7항에 따르는 15일 이상
의 기간을 정하여 교원인사위원회에 출석하여 의견을 진술하거나
서면에 의한 의견 제출의 기회를 전혀 주지 아니하였다.

서울행정법원은 '전임교원에 대한 교수업적평가규정, 교수업적평가시행세칙에 따라 참가인들에 대한 업적평가를 한 것이 아니고, 별도로 참가인들에 대하여만 적용되는 '재계약 임용 심사계획'을 내부적으로 수립하여 참가인들에 대한 이 사건 재임용 심사평정을 하였을 뿐 아니라 이 사건 재임용거부결정은 합리적인 기준에 의한 공정한 심사를 거치지 않는 등의 사유로 사회통념상 현저히 타당성을 잃었다고 할 것이어서 위법하다고 할 것이다.(2008. 12. 2. 선고 2008구합31567 판결)'라고 판결하고 있다.

따라서, 학칙 등에 재임용 기준을 마련함에 있어서는 사립학교법 제53조의2 제7항에 있는 학생교육·학문연구·학생지도에 관한 사항 등의 객관적인 평가가 가능한 범위 내에서 정하여야 하고, 교원인사위원회가 교원의 재임용여부를 심의함에 있어서는 학칙 등에서 정한 객관적인 사유에 근거하여 평가하도록 하고 있으며, 판례에서도 심사대상자에게만 별도의 기준을 내부적으로 정하여 적용한 점을 문제 삼는 취지에 비추어 볼 때, 심의 기준은 객관성뿐만 아니라 심사 대상 교원이 재임용 심사를 적절하게 준비할 수 있도록 적어도 당해 심사에 적용될 심사평정의 기준 등에 대해서는 심사 이전에 미리 알 수 있게 해 주어야 함을 알 수 있다.

피청구인 정관 제39조(임면) 제2항은 '학교의 장 이외의 전문대학 교원은 인사위원회의 심의를 거쳐 당해 학교의 장의 제청으로 이사회의 의결을 거쳐 이사장이 임면하되, 다음 각 호의 범위 안에서 계약조건을 정하여 행한다. 다만, 이사장이 필요하다고 인정하는 경우에는 본인의 동의를 얻어 체결한 계약조건을 변경시킬 수 있다. 1. 근무기간. 다. 조교수 : 계약으로 정하는 기간'이라고 규정하고 있고, 피청구인 교원인사규정 제8조(교원의 임기) 제3호는 '조교수 : 5년 이내의 계약기간'이라고 규정하고 있다.

청구인의 소청심사대상은 '2년간의 기간을 포함한 재임용 전체'이고, 피청구인이 주장하는 제반사정을 감안한다 하더라도 청구인에 대해 재임용 여부를 심의함에 있어서 교원인사규정에서 정하고 있는 연구업적 및 연수실적 외에 규정에도 없는 경고 및 징계 등의 전력도 동시에 적용하여 조교수 5년 이내의 계약기간 중 2년만을 재임용하였으며, 이 경우 징계 사실 등을 재임용 심사기준으로 고려할 것이라는 사전 통지를 하지 않음으로써 청구인이 이와 관련하여 방어권을 행사 할 수 없도록 한 것은 그 하자가 중대하다 할 것이다.


◆ 결정의 의미


재임용기준을 충족한 교원에 대하여는 학교 내규로서 정한 규정에 따라 기간을 정하여 재임용을 하면 족합니다. 그런데 대학에서 규정을 무시하고 임용기간을 축소시키거나 또는 임용조건을 불리하게 변경할 수도 없는 것입니다. 언제나 대학은 교원에 대하여 예측가능 한 규정을 만든 후 그에 따라 적용을 해야 하는 것입니다.

직권면직 처분을 중심으로 반드시 챙겨야 할 절차상의 중요 쟁점과
직권면직의 사유에 관한 중요 내용을 정리

# 82 의원면직의 무효 사유

◆ 핵심포인트

　의원면직은 교원이 스스로 사직의 의사를 표시하는 것으로 학교 법인에서 이를 수리하면 사실상 아무런 문제가 발생하지 않습니다. 그러나 의원면직 과정에서 강요나 협박 등이 개입된 경우는 의원면직이 무효가 될 수 있습니다. 이러한 경우는 통상 징계사유가 발생한 경우 학교법인에서 당해 교원에게 스스로 사직할 것을 권유하는 과정에서 권유의 정도를 넘어 사실상 강요의 정도에 이른 경우에 문제가 되고 있으므로, 의원면직에 있어서는 이 부분을 주의하여야 할 것입니다.

> 법령
> - 사립학교법 제56조 (의사에 반한 휴직·면직 등의 금지)
> ① 사립학교 교원은 형의 선고·징계처분 또는 이 법에 정하는 사유에 의하지 아니하고는 본인의 의사에 반하여 휴직 또는 면직 등 불리한 처분을 받지 아니한다. 다만, 학급·학과의 개폐에 의하여 폐직이나 과원이 된 때에는 그러하지 아니하다.
> ② 사립학교 교원은 권고에 의하여 사직을 당하지 아니한다.

◆ advice

사직서의 제출은 특별한 사정이 없는 한 당사자의 진의에 기인한 것으로 보기 때문에 추후 강요 또는 협박에 의한 것이라는 주장을 하더라도 이것이 쉽게 받아들여지지는 않습니다. 그러나 징계절차를 통해 해임이나 파면을 할 것처럼 한 후에 연금 등의 불이익을 받지 않으려면 자진해서 사직서를 제출하라고 종용하거나 강요 또는 협박을 한 사정들이 밝혀진다면 이는 위법하여 취소될 수 있으므로 주의하여야 할 것입니다.

# 83 사직의사의 철회

◆ 핵심포인트

  교원이 사직서를 제출함으로써 사직의 의사를 표시하면 특별한 사정이 없는 한 그 의사표시가 임면권자에게 도달함으로써 그 효력이 발생한다고 볼 것입니다. 다만 아직 사직서가 수리되지 않은 상황에서 교원이 사직의 의사를 철회한다면 이것이 신의칙에 반하는 등의 특별한 사정이 없는 한 철회의 의사표시는 받아들여져야 할 것입니다.

법령
- 사립학교법 제56조 (의사에 반한 휴직·면직 등의 금지)
① 사립학교 교원은 형의 선고·징계처분 또는 이 법에 정하는 사유에 의하지 아니하고는 본인의 의사에 반하여 휴직 또는 면직 등 불리한 처분을 받지 아니한다. 다만, 학급·학과의 개폐에 의하여 폐직이나 과원이 된 때에는 그러하지 아니하다.
② 사립학교 교원은 권고에 의하여 사직을 당하지 아니한다.

판례
- 대법원 1993. 7. 27. 선고 92누16942 판결

공무원이 한 사직의 의사표시는 그에 터잡은 의원면직처분이 있을 때까지는 원칙적으로 이를 철회할 수 있는 것이지만, 다만 의원면직처분이 있기 전이라도 사직의 의사표시를 철회하는 것이 신의칙에 반한다고 인정되는 특별한 사정이 있는 경우에는 그 철회는 허용되지 아니한다.

결정
- 교원소청 2009-103
사직서의 기재내용, 작성·제출의 동기·경위, 사직서 제출 이후의 상황 등 제반사정을 볼 때, 이 건 사직서는 당해 근로계약을 종료시키는 해약 고지라기보다는 근로관계의 해지의 청약에 해당하는 바, 청구인은 피청구인의 승낙의 의사표시가 도달되기 전에 사직의사를 철회하였고, 이러한 철회가 피청구인에게 불측의 손해를 주는 등 신의칙에 반한다는 특별한 사정이 보이지 않으므로 원처분은 위법 부당함

◆ advice

 사직서를 이미 수리한 경우는 사직의사를 철회한다고 하더라도 이미 사직의 효력이 발생했다고 볼 것이므로 철회의 의사를 받아들이지 않아도 될 것이나, 아직 학교 내부적으로 사직서가 처리되지 않은 경우라면 철회의 의사를 존중해 줄 필요도 있을 것입니다.

# 84 직권면직 – 근무성적이 극히 불량한 때

◆ 핵심포인트

직권면직의 사유로 가장 많이 거론되는 부분이며 이에 관하여는 대법원 판례에 의하여 대단히 엄격하게 해석하고 있으므로 근무성적이 불량함을 이유로 하여 직권면직 처분을 하기 위해서는 사전에 객관적으로 근무성적이 극히 불량하고 이에 대한 개선을 요구했음에도 불구하고 개선의 여지가 없음을 충분히 입증할 수 있어야 합니다. 또한 여기서 근무성적이 극히 불량한 때라함은 정신적·육체적으로 직무를 적절하게 처리할 수 있는 능력의 현저한 부족으로 근무성적이 극히 불량한 때를 의미함을 주의하여야 할 것입니다. 이 부분에 대하여는 아래 여러 가지 판례를 통해 그 의미를 숙지하여야 할 것입니다.

법령
– 사립학교법 제58조 제1항 제2호
근무성적이 극히 불량한 때

판례

- 대법원 1986. 3. 11. 선고 85누663 판결

국가공무원법 제70조 가 정하는 직권면직 사유 중 그 제1항 제2호의 직무수 행 능력의 현저한 부족으로 근무성적이 극히 불량한 때라 함은 공무원의징계사유를 정하는 위 법 제78조 제1항 각호의 규정에 비추어 정신적, 육체적으로 직무를 적절하게 처리할 수 있는 능력의 현저한 부족으로 근무 성적이 극히 불량한 때를 의미하고, 징계사유에 해당하는 명령위반, 직무상의 의무위반 또는 직무태만 및 공무원으로서의 체면이나 위신을 손상하는 행위 등은 이에 해당하지 아니한다.

- 대법원 1989. 10. 10. 선고 89누1605 판결

직권면직사유인 위 법 제16조 제1항 제2호 소정의 "근무성적이 극히 불량한때"에 해당하려면 그 평정이 객관적으로 공정하게 이루어져야 하고, 근무 평정 결과에 비추어 피평정자가 그 직무를 감당할 자질과 능력이 있을지 의심될 정도로 평소의 근무태도가 지극히 불성실하다는 점이 인정되는 경우라야 하고 따라서 그 평정의 공정성에 의심이 있거나 평소의 직무수행이 성실하였다고 인정되는 경우에는 단지 위 시행령 제14조 제3호, 위 시행규칙 제19조 제3항 이 규정하는 계속적인 취하위등급평정 2회라는 사유만으로써 위 면직사유의 요건이 충족되는 것은 아니다.

- 대법원 1983.10.25. 선고 83누302 판결

직권면직 사유인 "직무수행 능력의 현저한 부족으로 근무실적이 극히 불량한 때"에 해당하는지 여부를 판단하기 위한 자료가 되어야 할 해당 공무원에 대한 근무성적평정의 결과가 불량하다는 아무런 자료도 없는 경우에 있어서 별다른 사유 없이 단기간 내에 감봉 1월의 징계처분을 받고 다시 감봉 6월의 징계처분을 받고 이에 대한 불복의 소가 계류 중인 사실만으로써 이 사유가 곧 바로 직무수행 능력의 부족을 이유로 한 직권면직 사유에 해당한다고 볼 수 없다.

- 대법원 1983. 8. 23. 선고 82누43 판결
원고에 대한 이 사건 3가지 직권면직 사유 중 근무성적평정에서 최하위를 받은 사실 외에 다른 2가지 사유가 인정되지 않는다면 공무원으로서 장기간 성실하게 근무하여 왔고 또 시장과 피고(광주전매청장)로부터 표창까지 받은 원고에 대해 위 사유만으로 국가공무원법 제70조 제1항 제2호 소정의 직무수행능력의 현저한 부족으로 근무성적이 극히 불량한 경우에 해당한다 하여 직권면직처분을 함은 부당하다.

◆ advice

위 판례에서 알 수 있듯이 근무성적이 극히 불량한 때에 해당하여 직권면직을 하는 경우 법원은 상당히 엄격하게 그 요건을 해석하고 있으므로, 이 조항을 이유로 직권면직을 하고자 한다면 객관적인 평정, 여러 번에 걸친 평가결과의 취합, 과거의 표창을 받은 경력 등을 종합하여 도저히 교육자로서 근무를 시키는 것이 불가능하다는 정도에 이르러야 함을 주의하여야 할 것입니다.

# 85 직권면직 – 인사기록에 있어서 부정한 채점 · 기재를 하거나 허위의 증명이나 진술을 한 때

◆ 핵심포인트

이 부분 직권면직의 사유와 관련하여 교원이 자신의 인사기록을 부정하게 기재하거나 허위의 증명이나 진술을 한 때로 오해하여 이를 이유로 직권면직 처분을 하는 경우가 있는데, 아래 대법원 판례를 보면 알 수 있듯이 이 부분 직권면직은 교원의 신분을 가진 자가 학생 또는 다른 교원에 대한 인사기록을 부정하게 기록한 경우를 의미하는 것이므로 주의하여야 할 것입니다.

법령

– 사립학교법 제58조 제1항 5호

인사기록에 있어서 부정한 채점 · 기재를 하거나 허위의 증명이나 진술을 한 때

판례

– 대법원 1991. 7. 23. 선고 91다12820 판결

'○○학교법 제58조 제1항 제5호 소정의 ○○학교교원에 대한 면직사유의 하나인 "인사기록에 있어서의 부정한 채점, 기재를 하거나 허위의 증명이나 진술을 한 때"는 이미 교원의 신분을 가진 자가 직무와 관련하여 학생 또는 다른 교원에 대한 인사기록에 있어서 부정한 채점, 기재를 하거나 허위의 증명이나 진술을 한 때만을 가리킨다.'

◆ advice

이 부분 직권면직은 실무상 많이 거론되지는 않으나 간혹 교원이 본인의 인사기록에 대한 부정한 기재를 한 경우를 가지고 직권면직을 논하는 경우가 있어 주의해야 할 부분입니다.

# 86 폐과면직

◆ 핵심포인트

 폐과가 되었다고 하여 곧바로 교원 전부를 면직시킬 수 있는 것은 아닙니다. 폐과로 인한 면직의 사유가 발생하면 임용형태, 업무실적, 직무수행능력, 징계처분사실 등을 고려한 면직기준을 정하고, 그 심사결과에 따라 면직 여부를 결정해야 할 것이며, 같은 법인의 다른 학교 또는 같은 학교의 다른 학과 등으로 전직발령 내지 전환배치 함으로써 면직을 회피하거나 면직대상자를 최소화 할 수 있는 방안을 강구해야만 적법하다는 판단을 받을 수 있습니다.

법령
- 사립학교법 제56조 제1항
사립학교 교원은 형의 선고·징계처분 또는 이 법에 정하는 사유에 의하지 아니하고는 본인의 의사에 반하여 휴직 또는 면직등 불리한 처분을 받지 아니한다. 다만, 학급·학과의 개폐에 의하여 폐직이나 과원이 된 때에는 그러하지 아니하다.

판례
- 대법원 2008. 3. 13. 선고 2007다66071 판결

사립학교에서 학급·학과의 폐지에 의해 폐직, 과원이 되었음을 이유로 사립학교법 제56조 제1항 단서 에 따라 교원을 직권면직함에 있어서 교원의 신분보장이라는 관점에서 합리적이고 객관적인 기준과 근거에 따라 면직 여부를 결정함이 필요하고, 이에 따르지 아니한 채 자의적으로 면직처분을 하는 것은 교원 임면에 관한 재량권을 일탈, 남용한 것이 된다. 국가공무원법 제70조 제3항, 지방공무원법 제62조 제3항 은 "폐직, 과원이 되었음을 이유로 공무원을 직권면직시킬 때에는 임용형태·업무실적·직무수행능력·징계처분사실 등을 고려하여 면직기준을 정하여야 한다."고 규정하고 있는데, 여기서 말하는 "임용형태·업무실적·직무수행능력·징계처분사실 등을 고려하여 정한 면직기준"이란 결국 합리적이고 객관적인 기준의 내용을 구체적으로 정한 것으로 볼 수 있으므로, 사립학교에서 폐과 등에 의한 폐직, 과원이 발생하여 교원을 직권면직함에 있어서도 위와 같은 면직기준을 정하고 그에 따라 면직대상자의 실적과 능력 등을 심사하여 별다른 하자가 없는 교원은 가급적 구제하는 조치가 요구된다.

◆ advice

현재 많은 대학들이 구조조정 등과 맞물려 정원에 미달되는 학과를 폐과하려는 계획을 세우고 있습니다. 그러나 폐과를 했다고 하더라도 그 과의 소속 교원을 곧바로 면직처리 할 수 있는 것은 아닙니다. 폐과로 인하여 남게 되는 교원은 가급적 유사 전공으로 배치전환을 하여 구제를 할 수 있도록 최선의 노력을 다해야 하며, 이러한 최선의 노력을 다했다는 근거를 남겨 놓아야 합니다.

# 87 직권면직의 절차

◆ 핵심포인트

 직권면직의 사유가 발생하면 교원인사위원회 심의와 학교장의 제청을 거쳐 이사회 심의 의결을 통해 직권면직처분을 해야 합니다. 다만, 사립학교법 제58조 제2항 제2호 내지 제5호의 사유에 의하여 면직처분을 하려면 교원징계위원회의 동의절차를 거쳐야 합니다.

법령
- 사립학교법 제53조의 3 제1항
각급학교(초등학교·고등기술학교·공민학교·고등공민학교·유치원과 이들에 준하는 각종학교를 제외한다)의 교원(학교의 장을 제외한다)의 임면 등 인사에 관한 중요사항을 심의하기 위하여 당해 학교에 교원인사위원회를 둔다.
- 사립학교법 제53조의 2 제1항 제1호
① 각급학교의 교원은 당해 학교법인 또는 사립학교경영자가 임면하되, 다음 각호의 1에 의하여야 한다.
1. 학교법인 및 법인인 사립학교경영자가 설치·경영하는 사립학교의 교

원의 임면은 당해 학교의 장의 제청으로 이사회의 의결을 거쳐야 한다.

- 사립학교법 제58조

① 사립학교의 교원이 다음 각호의 1에 해당할 때에는 당해 교원의 임면 권자는 이를 면직시킬 수 있다.

1. 휴직 기간이 끝나거나 휴직 사유가 소멸된 후에도 직무에 복귀하지 아니하거나 직무를 감당할 수 없을 때

2. 근무성적이 극히 불량한 때

3. 정부를 파괴함을 목적으로 하는 단체에 가입하고 이를 방조한 때

4. 정치운동을 하거나 집단적으로 수업을 거부하거나 또는 어느 정당을 지지 또는 반대하기 위하여 학생을 지도·선동한 때

5. 인사기록에 있어서 부정한 채점·기재를 하거나 허위의 증명이나 진술을 한 때

② 제1항제2호 내지 제5호의 사유에 의하여 면직시키는 경우에는 제62조의 규정에 의한 교원징계위원회의 동의를 얻어야 한다.

판결

- 대법원 1996. 3. 8. 선고 95다51847 판결

학교법인이 그 교원을 직권 면직함에 있어 사립학교법 및 당해 법인의 정관에 위배되어 무효인 법인인사규칙에 따라 징계위원회의 동의를 얻지 아니한 경우, 그 직권면직처분은 절차상의 하자로 인하여 무효이고, 비록 소송 계속 중에 학교법인이 징계위원회를 개최하여 동의를 얻었다고 하더라도 이러한 사유로 그 하자가 치유된다고 할 수 없다.

◆ advice

　교원징계위원회의 동의를 얻도록 한 이유는 임면권자의 재량권 남용의 폐해를 방지하기 위함입니다. 교원징계위원회의 안건은 당해 교원에 대한 면직이 되어야 합니다. 교원징계위원회에서 파면의 결의를 하거나 해임 결의를 하는 것은 적절치 않습니다.

# 88 당연퇴직

◆ 핵심포인트

  사립학교법 제57조에 의하여 사립학교 교원은 교육공무원법 제
10조의4 각호에 해당하는 경우 당연퇴직하게 됩니다. 또한 대학의
교수, 부교수, 조교수가 교원으로 재직기간 중 직무와 관련하여 형
법제347조 또는 제351조(제347조는 상습범에 한정)에 규정된 죄
를 저질러 300만원 이상의 벌금형을 선고 받고 그 형이 확정된 경
우에는 당연퇴직하게 됩니다.

> 법령
> - 사립학교법 제57조
> ① 사립학교 교원이 「교육공무원법」 제10조의 4 각 호의 어느 하나에 해
>   당하게 되면 당연히 퇴직한다. 다만, 「국가공무원법」 제33조 제5호는
>   「형법」 제129조부터 제132조까지 및 직무와 관련하여 같은 법 제355
>   조 및 제356조에 규정된 죄를 범한 사람으로서 금고 이상의 형의 선
>   고유예를 받은 경우만 해당하며, 「국가공무원법」 제33조 제6호의 2를
>   적용할 때 "공무원"은 "교원"으로 본다.
> ②  사립학교 교원 중 대학(「고등교육법」 제2조 각 호의 학교를 말한다)

의 교수, 부교수 및 조교수가 교원으로 재직기간 중 직무와 관련하여 「형법」 제347조 또는 제351조(제347조의 상습범에 한정한다)에 규정된 죄를 저질러 300만원 이상의 벌금형을 선고받고 그 형이 확정된 경우에는 당연히 퇴직한다.

판례
- 대법원 1993. 6. 8. 선고 93다852 판결
사립학교교원에 대한 징계해임처분이 무효라면 학교경영자가 해임처분의 유효를 주장하여 교원의 근무를 사실상 거부한다고 하더라도 해임된 교원은 해임처분 시부터 여전히 계속하여 교원의 지위를 유지하고 있는 것이라 할 것이고, 그 교원이 복직되지 아니한 기간 동안 금고 이상의 형을 받았다면 사립학교법 제57조, 교육법 제77조 제1호, 국가공무원법 제33조 제1항 제3호, 제4호, 제5호에 의하여 당연퇴직된다 할 것이며, 그 후 특별사면에 의하여 위 금고 이상의 형의 선고의 효력이 상실되었다 할지라도 사면법 제5조 제2항에 의하면 형의 선고에 관한 기성의 효과는 사면으로 인하여 변경되지 않는다고 되어 있고 이는 사면의 효과가 소급하지 아니함을 의미하는 것이므로, 당연퇴직으로 말미암아 상실된 교원의 지위가 다시 회복되는 것은 아니다.

◆ advice

위 판례는 해임처분이 무효이면 해임처분 시부터 교원의 지위가 그대로 유지된 것이고, 교원의 지위에 있는 자에 대하여 당연퇴직 사유가 발생한 이상 그 이후에 사면으로 형의 선고의 효력이 상실

되더라도 사면의 효과가 소급하지 않기 때문에 당연퇴직에는 아무
런 영향이 없다는 것입니다.

# 89 국가공무원법 제33조 제6의 2를 사립학교 교원에게 적용할 수 있는지

◆ 핵심포인트

과거에는 사립학교 교원에게도 국가공무원법 제33조 제6의 2에서 규정하고 있는 재직기간 중 직무와 관련하여 형법 제355조 및 제356조에 규정된 죄를 범한 자로서 300만 원 이상의 벌금형을 선고 받고 그 형이 확정된 후 2년이 지나지 아니한 자를 당연퇴직 시킬 수 있는지가 쟁점이 되었습니다.

최근 법 개정으로 인하여 국가공무원법 제33조 제6의 2를 사립학교 교원에게도 적용하도록 되었으므로 사립학교 교원이 직무와 관련하여 횡령 또는 배임의 죄를 범한 경우 당연퇴직 대상이 됩니다.

법령
- 사립학교법 제57조 (당연퇴직의 사유)
① 사립학교 교원이 「교육공무원법」 제10조의 4 각 호의 어느 하나에 해당하게 되면 당연히 퇴직한다. 다만, 「국가공무원법」 제33조 제5호는

「형법」 제129조부터 제132조까지 및 직무와 관련하여 같은 법 제355조 및 제356조에 규정된 죄를 범한 사람으로서 금고 이상의 형의 선고유예를 받은 경우만 해당하며, 「국가공무원법」 제33조 제6호의 2를 적용할 때 "공무원"은 "교원"으로 본다.

◆ advice

사립학교 교원이 연구비를 횡령하거나 유용한 경우 형법상 횡령 또는 배임죄로 처벌이 가능하며 형사처벌을 받은 경우 당연퇴직 대상이 될 수 있습니다.

# 90 소속학과 폐과에 따른 직권면직

◆ 사건의 요지

청구인은 1994. 3. 1. 피청구인이 유지·경영하는 ○○대학에 전임강사로 신규 임용되어 2001. 4. 1. 부교수로 승진하여 근무하던 중, 2007. 7. 10. 학칙개정으로 ○○과가 폐과되어 그 과원에 해당된다는 사유로 2008. 2. 1. 직권면직 처분을 받은 사안.

◆ 교원소청심사위원회 판단 : 2008-61 직권면직처분 취소 청구

피청구인 대학 기획홍보위원회는 2004. 11. 23. '매년 2월 1차 등록 현황을 기준으로 2년 연속 20명 미만 및 당해연도 10명 미만인 학과는 폐과한다.'는 폐과기준을 마련하였고, 피청구인 대학 ○○과의 학생수가 2004학년도는 입학정원 80명에 1학년 1학기 11명, 2학기 12명, 2학년 1학기 47명, 2학기 46명이었고, 2005학년도는 입학정원 80명에 1학년 0명, 2학년 1학기 24명, 2학기 20명이었으며, 2008학년도 현재 ○○과는 1, 2학년 학생이 전혀 없음을 알 수 있다.

피청구인 이사회는 2006. 2. 25. 청구인에 대하여 2008. 2. 25.까

지 해임을 유보하기로 의결하였고, 피청구인 학장은 2007. 5. 14. 피청구인 대학 학칙 제62~64조에 의하여 공고기간을 2007. 5. 14.부터 6. 4.까지로 정하여 ○○과가 폐과되는 학칙개정안을 공고하였으며, 피청구인 대학 교무위원회는 2007. 6. 12. 학칙 제58조에 의하여 학칙 개정에 대하여 심의하였고, 피청구인 대학 대학평의원회는 2007. 6. 18. 사립학교법시행령 제10조의 7 및 피청구인 정관 제31조의 7에 의하여 학칙개정에 대하여 심의하였으며, 피청구인 이사회는 2007. 7. 2. 학칙 개정을 의결하였고, 피청구인 학장은 2007. 7. 10. 고등교육법 제6조, 같은 법 시행령 제4조 제2항, 피청구인 대학 학칙 제65조에 의하여 개정학칙을 공포하고 교육인적자원부장관에게 보고하였으므로, 이 사건 폐과는 적법하게 이루어진 것으로 판단된다.

대법원은 '사립학교의 경우 폐과로 인한 폐직, 과원이 된 때 교원을 직권면직함에 있어서도 국가공무원법 제70조 제3항, 지방공무원법 제62조 제3항의 규정을 유추하여 임용형태·업무실적·직무수행능력·징계처분사실 등을 고려한 면직기준을 정하고 그 기준에 의한 심사 결과에 따라 면직 여부를 결정하여야 한다.'는 것은 어디까지나 학교법인이 산하의 다른 사립학교나 해당학교의 다른 학과 등으로 교원을 전직발령 내지 배치전환함으로써 면직을 회피하거나 면직대상자를 최소화할 여지가 있는 경우에 한한다고 보아야 하고, 이와 달리 사립학교의 사정상 전직발령 내지 배치전환 등에 의한 교원의 면직회피 가능성이 전혀 없는 경우에는 위와 같은 면직기준에 따른 심사절차를 거치지 아니하였다고 하더라도, 학과의 폐지 자체가 불가피하고 정당한 것이라면 이를 이유로 한 교원의 면직은 합리적이고 객관적인 근거에 기한 것으로서 역시 정당한 것이라고 볼 수밖에 없다(2008. 3. 13. 선고 2007다66071 판결 참조)'고 판시하고 있다.

이 사건의 경우 청구인은 무역학을 전공하였으나 현재 피청구인 대학에 무역학과 관련 있는 학과는 없는 것으로 보이고, 사실상 타과로의 전환배치가 어려운 것으로 보여지며 다른 교수들도 이에 공감하고 있다.

그렇다면 이 사건 폐과는 적법하게 이루어졌고 학과 신설이나 전환배치 등과 관련한 청구인의 주장은 이유 없다.


◆ 결정의 의미

통상적으로 폐과만을 이유로 하여 교원에 대한 직권면직 처분을 하면 위법하다는 평가를 받을 것입니다. 위 사안은 폐과 교원에 대하여 다른 학과로의 전환배치 및 면직회피의 노력 등을 다 했음에도 불구하고 부득이하게 교원에 대한 면직처분을 할 수 밖에 없었던 사정이 받아들여져 폐과를 이유로 한 면직처분이 적법하다는 판단을 한 것입니다.

# 학생대비 과원을 이유로 한 면직 처분

◆ 사건의 요지

청구인은 피청구인이 설치·경영하는 ○○대학에서 1990.9.1.부터 전임강사로 신규 임용되어 근무하여 오던 중, 청구인이 소속된 ○○학부가 2004학년도 신입생 모집인원이 극히 저조하였다 하여 학사운영구조조정규정에 의거 학생대비 교원의 과원으로, 사립학교법 제56조제1항과 피청구인 정관 제46조제1항에 의하여 피청구인으로부터 2004. 12. 28.자 직권면직처분을 받은 사안

◆ 교원소청심사위원회 판단 : 2005-27 직권면직처분취소청구

사립학교법 제56조(의사에 반한 휴직·면직 등의 금지) 제1항은 "사립학교의 교원은 형의 선고·징계처분 또는 이 법에 정하는 사유에 의하지 아니하고는 본인의 의사에 반하여 휴직 또는 면직 등 불리한 처분을 받지 아니한다. 다만, 학급·학과의 개폐에 의하여 폐지이나 과원이 될 때에는 그러하지 아니하다."라고 규정하고 있다. 또한, 피청구인 정관 제46조(의사에 반한 휴직·면직 등의 금

지) 제1항 및 피청구인대학 교원인사규정 제48조(의사에 반한 휴직·면직 등의 금지) 제1항에서는 "교원은 형의 선고·징계처분 또는 사립학교법이 정하는 사유로 의하지 아니하고는 본인의 의사에 반하여 휴직 또는 면직 등 부당한 처분을 당하지 아니한다. 다만, 학급·학과의 개폐에 의하여 폐직이나 과원이 된 때에는 그러하지 아니한다."라고 규정하고 있다.

그리고, 피청구인대학 학사운영구조조정규정 제4조(교원정원) 제1항에서는 "인문·사회계열의 학부 및 학과의 교원정원은 학생 25명당 교수 1명으로, 공업·자연과학·예체능계열의 학부 및 학과의 교원정원은 학생 20명당 교수 1명으로 산정한다."고 규정하고 있고, 같은 규정 제10조(교원감원 및 실적평가) 제1항에서는 "제8조제2항 내지 제4항에 의거 미달이 발생한 경우, 소속된 학과의 교원 수가 제4조의 교원정원을 초과한 수에 해당하는 교원을 감원한다. 전임교원을 감원하는 경우 해당전공에 소속된 전임교원을 대상으로 교원실적평가를 실시한다."고 규정하고 있다.

사립학교법 제56조 제1항에서 규정하고 있는 의사에 반한 휴직·면직 등의 금지의 단서인 "학급·학과의 개폐에 의하여 폐직이나 과원이 된 때에는 그러하지 아니하다."는 규정은 학급·학과의 개폐에 의하여 폐직이나 과원이 된 경우에만 한정하여 적용할 수 있는 규정이지, 이 건에서와 같이 단순히 학생대비 교원의 수가 교원의 정원을 초과하였을 경우에도 직권면직할 수 있다는 것은 아니라 할 것이다.

그렇다면, 의사에 반한 휴직·면직 등의 금지를 규정한 사립학교법 제56조 제1항에 위배된 피청구인 정관과 ○○대학교원인사규정 및 ○○대학학사운영구조조정규정에 의해 청구인을 직권면직 처분한 것은 위법·부당하다 할 것이다.

◆ 결정의 의미

사립학교법의 규정은 학급 학과의 개폐에 의하여 과원이 된 경우에만 적용되는 것이지 단순히 학생대비 교원의 수가 교원의 정원을 초과했다는 사유로 직원면직 처분을 할 수는 없다는 것입니다.

직위해제 처분의 절차상 중요쟁점과 직위해제의 사유에 관한
중요 내용을 정리

# 92 사립학교법 - 직위해제의 사유

◆ 핵심포인트

 사립학교법 제58조의 2는 직위해제의 사유로 4가지를 규정하고 있습니다. 따라서 이 4가지 사유에 해당하지 않는 경우는 직위해제 처분을 할 수 없습니다. 또한 직위해제 처분을 하는 경우는 반드시 위 4가지 사유 중 어떤 사유를 가지고 직위해제처분을 하는지를 분명히 해야 합니다. 간혹 사립학교법 제58조의 2에서 규정하고 있는 직위해제 사유와 전혀 별개의 이유를 들면서 직위해제 처분을 하는 경우가 있는데 이는 위법한 것입니다.

법령
- 사립학교법 제58조의 2
① 사립학교 교원이 다음 각 호의 어느 하나에 해당하는 경우에는 그 교원의 임용권자는 직위를 부여하지 아니할 수 있다.
1. 직무수행능력이 부족하거나 근무성적이 매우 불량하거나 교원으로서 근무태도가 매우 불성실한 경우
2. 징계의결이 요구 중인 경우
3. 형사사건으로 기소된 경우(약식명령이 청구된 경우는 제외한다)

4. 금품비위, 성범죄 등 대통령령으로 정하는 비위행위로 인하여 감사원 및 검찰·경찰 등 수사기관에서 조사나 수사 중인 경우로서 비위의 정도가 중대하고 이로 인하여 정상적인 업무수행을 기대하기 현저히 어려운 경우

- 사립학교법 시행령 제24조의 5

제24조의 5(직위해제 대상 비위행위) 판례

법 제58조의 2 제1항 제4호에서 "금품비위, 성범죄 등 대통령령으로 정하는 비위행위"란 다음 각 호의 행위를 말한다.

1. 「국가공무원법」 제78조의 2 제1항 제1호에 해당하는 행위

2. 다음 각 목의 어느 하나에 해당하는 것을 횡령(橫領), 배임(背任), 절도, 사기 또는 유용(流用)하는 행위

가. 「국가공무원법」 제78조의 2 제1항 제2호 각 목의 어느 하나에 해당하는 것

나. 법 제29조(법 제51조에서 준용하는 경우를 포함한다)에 따른 회계에 속하는 수입이나 재산

다. 법 제32조의 2에 따른 적립금

3. 「성폭력범죄의 처벌 등에 관한 특례법」 제2조에 따른 성폭력범죄 행위

4. 「성매매알선 등 행위의 처벌에 관한 법률」 제4조에 따른 금지행위

5. 교원으로서의 품위를 크게 손상하여 그 직위를 유지하는 것이 부적절하다고 판단되는 행위

판례

- 대법원 1977. 2. 22. 선고 75누19 판결

원고에 대한 직위해제 사유가 모두 인정된다손 치더라도 그것이 교육공무원법 56조 소정의 징계사유에 해당함은 별 문제로 하고 같은법 51조의 2 2항 2호 소정의 직위해제사유인 직무수행능력이 부족하거나 근무성적

이 극히 불량한 자에 해당한다고는 볼 수 없으므로 위 직위해제처분 및 이를 바탕으로 한 면직처분은 모두 위법임을 면치 못한다 할 것이다.

◆ advice

직위해제 처분은 임시적으로 직위를 부여하지 않겠다는 것이므로 당해 교원이 장래에 교원의 직을 유지할 수 없는 상황이 예견되어야 하는 것입니다. 사립학교법은 그 사유로 직무수행 능력 부족, 근무성적 불량, 근무태도 불성실, 징계의결 요구중인 자 및 형사사건으로 정식기소 된 자 등을 열거 하고 있는 바, 위 사유에 해당한다고 판단이 되더라도 직위를 해제시킬 만큼 그 사유가 중대한 경우만 정당성을 확보할 수 있습니다.

## 93 직위해제 – 직무수행 능력이 부족하거나 근무 성적이 극히 불량한 자, 교원으로서 근무 태도가 심히 불성실한 자

◆ 핵심포인트

이 부분 사유에 대하여 사립학교는 구체적이고 객관적인 근거를 제시하지 않고 교원에게 문제가 있다고 판단되면 위 사유를 무조건 적으로 적용하여 직위해제 처분을 하는 경우가 많이 있습니다. 그러나 이 부분 직위해제의 사유는 법원에서 굉장히 엄격하게 해석하고 있으므로 반드시 직무수행 능력을 검증할 수 있는 구체적인 자료, 근무성적이 불량함을 입증할 수 있는 구체적인 자료, 근무태도가 심히 불성실한 구체적인 자료를 제시해야 하며, 여러 번에 걸쳐 개선을 요구했음에도 불구하고 전혀 개전의 정이 없을 정도에 이르러야 비로소 직위해제 처분이 가능하다고 보아야 할 것입니다.

법령
- 사립학교법 제58조의 2 (직위의 해제)
① 사립학교의 교원이 다음 각호의 1에 해당할 때에는 당해 교원의 임면

권자는 직위를 부여하지 아니할 수 있다.

1. 직무수행능력이 부족하거나 근무성적이 극히 불량한 자, 또는 교원으로서 근무태도가 심히 불성실한 경우

판례
- 대법원 1985. 2. 26. 선고 83누218 판결
국가공무원법 제70조 가 정한 직권면직사유 중 그 제1항 제2호의 직무수행능력의 현저한 부족으로 근무성적이 극히 불량한 때라 함은 공무원의 징계사유를 정한 같은 법 제78조 제1항 각호의 규정에 비추어 정신적, 육체적으로 직무를 적절하게 처리할 수 있는 능력의 현저한 부족으로 근무성적이 극히 불량한 때를 의미하고 징계사유에 해당하는 명령위반, 직무상의 의무위반 또는 직무태만의 행위 등은 이에 해당하지 아니한다.

◆ advice

이 부분 사유를 가지고 직위해제 처분을 하고자 한다면 오랜 기간에 걸쳐 당해 교원이 심각한 문제를 야기하고 있다는 점을 입증해야 합니다. 따라서 이 부분 사유를 가지고 징계절차를 진행할 수 있다면 오히려 징계의결 요구를 하면서(중징계 요구를 해야만 가능합니다) 이를 이유로 하여 직위해제 처분을 하는 방법도 생각해 볼 수 있을 것입니다.

# 94 직위해제 - 징계의결이 요구중인 자

◆ 핵심포인트

 사립학교법은 징계의결이 요구중인 자에 대하여 직위해제를 할
수 있다고 규정하고 있으나, 실제 그 적용에 있어서는 정직 이상에
해당하는 중징계 의결이 요구중인 자에 대하여만 그 정당성을 인정
하고 있습니다. 또한 중징계 의결이 요구중인 자라 하더라도 징계
사유에 비추어 중징계를 받을 가능성이 현저히 떨어진다면 그 직위
해제 처분은 위법하다는 판단을 받게 됩니다.

법령
- 사립학교법 제58조의 2 (직위의 해제)
① 사립학교의 교원이 다음 각호의 1에 해당할 때에는 당해 교원의 임면
   권자는 직위를 부여하지 아니할 수 있다.
2. 징계의결이 요구중인 자

결정
- 교원소청 2007-622

학생들에게 교장 및 교감이 성희롱을 하였다는 진술서를 받아 학교의 명예를 실추하여 징계의결이 요구되었다는 사유로 직위해제 처분을 한 사안에서 자신의 징계사유외 직접 관련 없는 진술서를 학생들로부터 받은 것은 부적절한 행동이라 할 것이나, 이러한 사유만으로 중징계를 받을 개연성이 있다고 판단되지 않으므로 원 처분을 취소함

◆ advice

이 부분 직위해제 처분이 적법하기 위해서는 피징계자에게 중징계 의결이 요구되었을 것이라는 요건 외에도 피징계자가 실제로 중징계를 받을 개연성이 충분히 인정되어야 하므로 징계의결을 요구하면서 직위해제 처분을 하기 위해서는 이러한 사정에 대하여 충분한 검토가 이루어져야 할 것입니다.

# 95 직위해제 – 형사사건으로 기소된 자 (약식명령 청구된 자 제외)

◆ 핵심포인트

　형사사건으로 기소된 자 중에서 약식명령(벌금형)이 청구된 자가 아니라면 재판 결과 금고 이상의 형을 받을 개연성이 높기 때문에 미리 직위를 해제하여 향후 교육에 영향을 미치지 않도록 조치할 수 있게 한 것입니다. 형사사건으로 정식기소가 된 경우라 하더라도 범죄사실 자체를 판단하여 유죄판단을 받을 고도의 개연성이 있는지, 당해 교원을 직위해제 시키지 않으면 안 되는 뚜렷한 사유가 있는지 여부를 검토하여 결정해야 할 것입니다.

법령
- 사립학교법 제58조의 2 (직위의 해제)
① 사립학교의 교원이 다음 각호의 1에 해당할 때에는 당해 교원의 임면권자는 직위를 부여하지 아니할 수 있다.
3. 형사사건으로 기소된 자(약식명령이 청구된 자는 제외한다)

판례
- 대법원 1999. 9. 17. 선고 98두15412 판결

헌법 제27조 제4항은 형사피고인은 유죄의 판결이 확정될 때까지는 무죄로 추정된다고 규정하고 있고, 구 국가공무원법(1994. 12. 22. 법률 제4829호로 개정되기 전의 것) 제73조의 2 제1항 제4호에 의한 직위해제제도는 유죄의 확정판결을 받아 당연퇴직되기 전단계에서 형사소추를 받은 공무원이 계속 직위를 보유하고 직무를 수행한다면 공무집행의 공정성과 그에 대한 국민의 신뢰를 저해할 구체적인 위험이 생길 우려가 있으므로 이를 사전에 방지하고자 하는 데 그 목적이 있는바, 헌법상의 무죄추정의 원칙이나 위와 같은 직위해제제도의 목적에 비추어 볼 때, 형사사건으로 기소되었다는 이유만으로 직위해제처분을 하는 것은 정당화될 수 없고, 당사자가 당연퇴직 사유인 국가공무원법 제33조 제1항 제3호 내지 제6호에 해당하는 유죄판결을 받을 고도의 개연성이 있는지 여부, 당사자가 계속 직무를 수행함으로 인하여 공정한 공무집행에 위험을 초래하는지 여부 등 구체적인 사정을 고려하여 그 위법 여부를 판단하여야 할 것이다.

◆ advice

이 부분 직위해제 사유와 관련해서는 형사사건으로 정식기소가 된 경우 대부분 직위해제처분이 적법하다는 판단을 받을 수 있습니다. 그러나 기소된 사건 자체가 무죄의 가능성이 높아 보이는 증거가 현출되고, 당해 교원을 반드시 직위해제 처분해야 하는 당위성이 높지 않다는 두 가지 요소가 결합된다면 직위해제 처분은 위법하다는 판단을 받을 수도 있습니다.

# 96 직위해제 – 금품비위, 성범죄 등 대통령령으로 정하는 비위행위로 조사중인 경우

◆ 핵심포인트

금전, 물품, 부동산, 향응 등을 취득하거나 제공한 사안, 국가재산을 횡령, 배임, 절도, 사기 또는 유용한 아산 및 성폭력범죄, 성매매 등의 사안으로 감사원 또는 수사기관에서 조사중인 경우 직위해제 대상이 될 수 있습니다.

법령
- 사립학교법 제58조의 2
① 사립학교 교원이 다음 각 호의 어느 하나에 해당하는 경우에는 그 교원의 임용권자는 직위를 부여하지 아니할 수 있다.
4. 금품비위, 성범죄 등 대통령령으로 정하는 비위행위로 인하여 감사원 및 검찰·경찰 등 수사기관에서 조사나 수사 중인 경우로서 비위의 정도가 중대하고 이로 인하여 정상적인 업무수행을 기대하기 현저히 어려운 경우
- 사립학교법 시행령 제24조의 5

제24조의 5(직위해제 대상 비위행위) 판례

법 제58조의 2 제1항 제4호에서 "금품비위, 성범죄 등 대통령령으로 정하는 비위행위"란 다음 각 호의 행위를 말한다.

1. 「국가공무원법」 제78조의 2 제1항 제1호에 해당하는 행위

2. 다음 각 목의 어느 하나에 해당하는 것을 횡령(橫領), 배임(背任), 절도, 사기 또는 유용(流用)하는 행위

가. 「국가공무원법」 제78조의 2 제1항 제2호 각 목의 어느 하나에 해당하는 것

나. 법 제29조(법 제51조에서 준용하는 경우를 포함한다)에 따른 회계에 속하는 수입이나 재산

다. 법 제32조의 2에 따른 적립금

3. 「성폭력범죄의 처벌 등에 관한 특례법」 제2조에 따른 성폭력범죄 행위

4. 「성매매알선 등 행위의 처벌에 관한 법률」 제4조에 따른 금지행위

5. 교원으로서의 품위를 크게 손상하여 그 직위를 유지하는 것이 부적절하다고 판단되는 행위

◆ advice

이 경우에도 비위의 정도가 중대하고 이로 인하여 정상적인 업무수행을 기대하기 현저히 어려운 경우에만 직위해제를 할 수 있습니다. 실무상 성비위로 조사중인 경우는 대부분 곧바로 직위해제 처분을 하고 있습니다.

# 97 직위해제의 절차

◆ 핵심포인트

　직위해제에 대하여 사립학교법 제58조의 2 제1항에서 '당해 교원의 임면권자는 직위를 부여하지 아니할 수 있다.'라고 규정하고 있고, 사립학교법 제16조 제1항은 '교원의 임면에 관한 사항'을 이사회 심의ㆍ의결 사항으로 하고 있으며, 사립학교법 제53조의 2 제1항은 교원의 임면권자는 학교법인이며 학교장의 제청으로 이사회 의결을 거치도록 규정하고 있으므로, 직위해제 사유에 대한 사실조사를 한 후 학교장의 제청을 거쳐 이사회 심의 의결 후 이사장이 직위해제 처분을 하면 될 것입니다. 다만 교원의 임면에 관한 사항이 총장에게 위임되어 있다면 직위해제 처분권자는 학교장이 될 것입니다.

법령
- 사립학교법 제16조 (이사회의 기능)
① 이사회는 다음 각호의 사항을 심의ㆍ의결한다.
5. 학교법인이 설치한 사립학교의 장 및 교원의 임면에 관한 사항

- 사립학교법 제53조의 2 (학교의 장이 아닌 교원의 임면)

① 각급학교의 교원은 당해 학교법인 또는 사립학교경영자가 임면하되, 다음 각호의 1에 의하여야 한다.

1. 학교법인 및 법인인 사립학교경영자가 설치·경영하는 사립학교의 교원의 임면은 당해 학교의 장의 제청으로 이사회의 의결을 거쳐야 한다.

- 사립학교법 제58조의 2 (직위의 해제)

① 사립학교의 교원이 다음 각호의 1에 해당할 때에는 당해 교원의 임면권자는 직위를 부여하지 아니할 수 있다.

결정

- 교원소청 2002-181

2002. 2. 복직한 이래 환자진료 및 수술업무를 수행하지 못하여 1명의 외래환자를 진료하는 등 정상적인 직무수행이 불가능하여 직위해제 되었으나, 직위해제를 하면서 총장의 제청이나 이사회의 의결이 이루어진 사실이 없으므로 원처분을 취소함

◆ advice

직위해제 처분시 간과하지 말아야 할 부분은 직위해제 처분서에는 직위해제의 사유가 구체적으로 기재되어 있어야 한다는 것이며, 직위해제 처분서의 송달일 이전에 직위해제의 효력이 발생해서는 안 된다는 것입니다.

# 98 직위해제 처분 – 처분사유설명서의 교부

◆ 핵심포인트

　직위해제 처분시 직위해제처분서에는 직위해제의 구체적인 사유를 적어서 통보해야 합니다. 관련 규정만을 적시하여 직위해제처분서를 송부한 경우는 처분사유를 구체적으로 기재하지 않은 것으로 위법하다는 판단을 받게 됩니다.

법령

- 사립학교법 제58조의 2 (직위의 해제)

① 사립학교 교원이 다음 각 호의 어느 하나에 해당하는 경우에는 그 교원의 임용권자는 직위를 부여하지 아니할 수 있다.

1. 직무수행능력이 부족하거나 근무성적이 매우 불량하거나 교원으로서 근무태도가 매우 불성실한 경우

2. 징계의결이 요구 중인 경우

3. 형사사건으로 기소된 경우(약식명령이 청구된 경우는 제외한다)

4. 금품비위, 성범죄 등 대통령령으로 정하는 비위행위로 인하여 감사원 및 검찰·경찰 등 수사기관에서 조사나 수사 중인 경우로서 비위의 정도가 중대하고 이로 인하여 정상적인 업무수행을 기대하기 현저히 어

려운 경우

- 사립학교법 시행령 제24조의 5

제24조의5(직위해제 대상 비위행위) 판례

법 제58조의 2 제1항 제4호에서 "금품비위, 성범죄 등 대통령령으로 정하는 비위행위"란 다음 각 호의 행위를 말한다.

1. 「국가공무원법」 제78조의 2 제1항 제1호에 해당하는 행위

2. 다음 각 목의 어느 하나에 해당하는 것을 횡령(橫領), 배임(背任), 절도, 사기 또는 유용(流用)하는 행위

가. 「국가공무원법」 제78조의 2 제1항 제2호 각 목의 어느 하나에 해당하는 것

나. 법 제29조(법 제51조에서 준용하는 경우를 포함한다)에 따른 회계에 속하는 수입이나 재산

다. 법 제32조의 2에 따른 적립금

3. 「성폭력범죄의 처벌 등에 관한 특례법」 제2조에 따른 성폭력범죄 행위

4. 「성매매알선 등 행위의 처벌에 관한 법률」 제4조에 따른 금지행위

5. 교원으로서의 품위를 크게 손상하여 그 직위를 유지하는 것이 부적절하다고 판단되는 행위

판례

- 서울고등법원 1989. 10. 13. 선고 89나239 판결

사립학교 교원에게 준용된다고 보아야 할 국가공무원법 제75조에 의하면 공무원에 대하여 직위해제처분을 할 경우 처분권자는 처분의 사유를 기재한 설명서를 교부하도록 규정하고 있는바 그 취지는 피처분자에게 그 처분을 받게 된 경위를 알림으로써 그에 대한 방어의 준비 및 불복의 기회를 보장함과 아울러 처분권자의 자의를 배제하여 처분의 적법성을 보장하기 위한 데 있는 것이어서 그 처분사유의 내용에는 구체적이고도

명확한 사실적시가 있어야 하고 그 기재가 너무 추상적이고 모호한 경우에는 적법한 처분사유설명서의 요건을 갖추었다고 볼 수 없으므로 처분사유설명서의 교부절차를 흠결한 하자가 있다고 할 것이다.

결정
- 교원소청 2011-329
징계의결요구중인 자에 대한 직위해제처분에 있어서 직위해제처분에 관한 처분사유설명서에 구체적이고 명확한 사실의 적시가 없는 바, 그러한 직위해제 처분은 위법함

◆ advice

직위해제 처분 시 처분사유설명서를 송부함에 있어 처분의 사유를 구체적으로 기재하는 것은 그리 어려운 일도 아닌데 이 부분을 소홀히 하여 직위해제 처분이 절차상의 하자로 취소되는 경우가 종종 있습니다. 직위해제 처분은 임시적 처분이므로 절차상의 하자로 취소되면 다시 직위해제 처분을 할 실익이 없으므로 최초 처분 시에 이 부분을 반드시 주의하여야 할 것입니다.

## 직위해제 처분사유 통지서 서식

| (직위해제) 처분사유 통지서 | | |
|---|---|---|
| 소속 | 직위(급) | 성명 |
|  |  |  |
| 주문 | "직위해제" | |
| 처분사유<br>(법적근거) | | |

위와 같이 직위해제 처분하였음을 통지합니다.

2014. ○○. ○○.

귀하   ○○학교법인 이사장   (인)

이 처분에 불복하고자 하는 경우에는 그 처분이 있음을 안 날로부터 30일 이내에 교원지위향상을 위한 특별법 제9조에 의하여 교원소청심사위원회에 심사를 청구할 수 있습니다.

# 99 직위해제 – 처분의 효력발생일 보다 늦게 통보한 경우

◆ 핵심포인트

직위해제 처분 통보서를 발송한 날보다 1주일 앞서 직위해제의 효력을 발생하도록 했다면 이는 절차상의 중대한 하자로 취소 사유가 됩니다. 직위해제 처분서가 교원에게 송달되어야 비로소 교원은 직위해제 처분의 사실을 알게 되고 이를 다툴 수 있게 되는데, 그보다 앞서 직위해제의 효력을 발생하도록 했다면 이는 교원에게 불리한 것이 되며, 의사표시의 효력발생 요건에 비추어 보더라도 문서가 도달해야 비로소 그 의사표시의 효력이 발생한다고 볼 것이므로 직위해제 처분서를 송달한 이후 시점부터 직위해제의 효력이 발생하도록 해야 할 것입니다.

법령
- 사립학교법 제58조의 2 (직위의 해제)
① 사립학교의 교원이 다음 각호의 1에 해당할 때에는 당해 교원의 임면권자는 직위를 부여하지 아니할 수 있다.

1. 직무수행능력이 부족하거나 근무성적이 극히 불량한 자, 또는 교원으로서 근무태도가 심히 불성실한 자
2. 징계의결이 요구중인 자
3. 형사사건으로 기소된 자(약식명령이 청구된 자는 제외한다)

결정
- 교원소청 2009-335
직무수행능력 부족으로 3개월간 직위해제를 명한 사안에서 처분서에 적용법조만 나열하였을 뿐 구체적이고 명확한 처분사유의 적시가 전혀 없고, 처분사실도 처분기간 시작일이 지나서 통지한 것은 직위해제처분의 중대한 절차상 하자임

◆ advice

직위해제 처분일을 직위해제처분서 발송일보다 2~3일 정도 뒤로 정하면 이 부분 절차상의 하자를 걱정하지 않아도 될 것입니다.

# 100 징계의결 취소와 직위해제처분의 효력

◆ 핵심포인트

징계의결이 요구중인 자에 대한 직위해제 처분은 그 징계의결이 요구되고 있는 동안에만 직위를 부여하지 않을 수 있는 것이므로, 이후 그 징계의결의 되거나 징계의결이 취소되었다면 직위해제 처분은 실효된다고 보아야 합니다.

법령
- 사립학교법 제58조의 2 (직위의 해제)
① 사립학교의 교원이 다음 각호의 1에 해당할 때에는 당해 교원의 임면권자는 직위를 부여하지 아니할 수 있다.
1. 직무수행능력이 부족하거나 근무성적이 극히 불량한 자, 또는 교원으로서 근무태도가 심히 불성실한 자
2. 징계의결이 요구중인 자
3. 형사사건으로 기소된 자(약식명령이 청구된 자는 제외한다)

판례
- 대법원 1979. 2. 13. 선고 78누372 판결

지방공무원법 제65조의 2, 제1항 제2호의 규정에 "징계의결이 요구 중인 자"에 대하여는 직위를 부여하지 아니할 수 있다는 것은 징계의결이 요구되고 있는 동안만 직위를 부여하지 아니할 수 있다는 취지로 해석되므로, 직위해제처분 후 징계의결이 되거나 징계의결이 취소되었다면 위 직위해제처분은 실효된다.
– 대법원 1985. 3. 26. 선고 84누677 판결
직위해제처분을 한 후, 그 직위해제 사유와 동일한 사유를 이유로 파면처분을 하였다면 뒤에 하여진 파면처분에 의하여 그 전에 하였던 직위해제처분은 그 효력을 상실한다.

◆ advice

징계의결이 요구중인 자에 대한 직위해제 처분은 정직 이상의 중징계가 예상되는 경우 미리 그 직에서 배제하고자 하는 것이므로 징계의결 결과 정직 이상의 징계처분이 내려졌거나 또는 경징계 처분이 내려진 경우라면 직위해제처분은 당연히 실효된다고 볼 것입니다. 정직 이상의 처분이 이루어진 경우라면 그 징계결과에 따라 처리를 하면 될 것이고, 경징계 의결이 된 경우라면 직위해제처분을 유지할 이유가 없기 때문입니다.

교원소청심사 관련 서식

교원소청심사위원회 홈페이지(http://www.act.go.kr) 참조

서식 1 소청심사청구서
서식 2 대리인 지정서
서식 3 취하서
서식 4 답변서
서식 5 증인신청서
서식 6 자료제출명령신청서
서식 7 심사기일 연기신청서
서식 8 소청심사위원 기피신청서

# 소청심사청구서

1. 사건명 : ○○ 처분취소청구
2. 청구인 :

| 성명 | | 생년월일 | |
|---|---|---|---|
| 소속 학교명 | | (전)직위 | |
| 주소 | 주민등록등(초) 본 주소 | | |
| | 우편물수령 희망 주소 | | |
| 연락처 | 전화번호 (휴대폰번호) | | |
| | 전자우편 (이메일) | | |
| 대리인 | | | |

3. 피청구인 :
4. 처분이 있은 것을 안 날 :
5. 소청심사청구의 취지 :
6. 소청심사청구 이유 : 별지로 작성
7. 입증자료
　가. 처분에 대한 사유설명서 또는 인사발령통지서 사본
　나. 기타 자료
　※ 대리인 위임장(대리인을 선임하였을 경우에 한함.)

위와 같이 청구합니다.

20 년 월 일

위 청구인 ○ ○ ○ (인)

교원소청심사위원회 귀중

# 대리인 지정서

사건:
청구인: 성 명
       소 속        직 위
피청구인:

위 소청심사청구사건에 관하여 교원소청에관한규정 제4조의 규정에 의하여 아래 사람을 (피)청구인의 대리인으로 지정합니다.

- 아 래 -

| 소속 | 직위 | 성명 | 연락처<br>(핸드폰번호) | 담당업무<br>(청구사건 관련) |
|------|------|------|------------------|--------------------|
|      |      |      |                  |                    |
|      |      |      |                  |                    |
|      |      |      |                  |                    |

20   .  .  .

(피)청구인      (인)

교원소청심사위원회 귀중

# 취하서

○ 사　　건:
○ 청 구 인:
○ 피청구인:


위 사건에 관하여 청구인이 제기한 소청심사청구를 전부 취하합니다.




20　.　.　.



청구인　　　(서명)

교원소청심사위원회 귀중

# 답변서

□ 사건일지(주요사항을 개조식으로 일자별로 기술)

□ 형식적 요건 미비 관련(없을 경우 생략)

□ 처분절차상 하자 관련(없을 경우 생략)
  1) 청구인 주장 요지
  2) 피청구인 변명(증거자료 첨부)

□ 처분사유 관련
  ○ 처분사유 1
    〈처분사유요지〉
    1) 청구인 주장 요지
    2) 피청구인 답변(증거자료 첨부)

  ○ 처분사유 2
    〈처분사유요지〉
    1) 청구인 주장 요지
    2) 피청구인 답변(증거자료 첨부)

  ○ 처분사유 3

※ 각 개별적 처분사유별로 이에 대한 청구인의 주장과 피청구인의 답변을
  작성

# 증인신청서

○ 사 건 :
○ 청 구 인 :
○ 피청구인 :

위 사건의 (피)청구인은 아래 증인의 증언을 통하여 (피)청구인이 하였
던 주장이 사실임을 입증하기 위하여 아래와 같이 증인을 신청합니다.


증인의 표시

증 인     성 명 :
            소 속 :       직 위 :
            주 소 :


첨부 : 증인환문 사항 1부.


20    .    .    .

신청인      (서명)


교원소청심사위원회 귀중

# 자료제출명령신청서

○ 사    건:
○ 청 구 인:
○ 피청구인:


위 사건에 관하여 청구인(피청구인)은 다음 자료의 제출을 명령하여 줄 것을 신청합니다


        가. 자료의 표시
        나. 자료의 내용
        다. 자료의 소지자
        라. 증명할 사실


20  .  .  .


신청인    (서명)


교원소청심사위원회 귀중

# 심사기일 연기신청서

○ 사　　　건:
○ 청 구 인:
○ 피청구인:
○ 심사기일:


(피)청구인은 아래와 같은 부득이한 사유로 위 심사기일에 참석할 수 없
어　　.　　.　　.까지 심사 연기를 신청합니다.


- 사 유 -


첨부:사유에 대한 입증자료 1부.




20　　.　　.　　.


신청인　　　（서명）


교원소청심사위원회 귀중

# 소청심사위원 기피신청서

○ 사   건:
○ 청 구 인:
○ 피청구인:


위 사건에 관하여 (피)청구인은 교원소청심사위원회 위원 중 아래 위원
에 대하여 기피를 신청합니다.


　　　　　가. 기피 위원
　　　　　나. 기피 이유


첨부:기피이유에 대한 입증자료 1부.



　　　　　　　　　　20　　.　　.　　.



　　　　　　　　신청인　　　(서명)




교원소청심사위원회 귀중

부록

# Ⅱ

## 교원소청심사
## 처리절차 및 관련법령

교원소청심사위원회 홈페이지(http://www.act.go.kr) 참조

# 소청심사처리절차

## 1. 소청심사절차

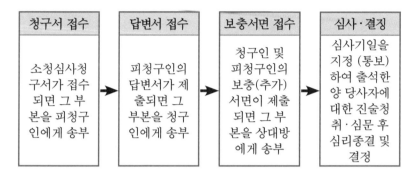

| 청구서 접수 | 답변서 접수 | 보충서면 접수 | 심사·결정 |
|---|---|---|---|
| 소청심사청구서가 접수되면 그 부본을 피청구인에게 송부 | 피청구인의 답변서가 제출되면 그 부본을 청구인에게 송부 | 청구인 및 피청구인의 보충(추가)서면이 제출되면 그 부본을 상대방에게 송부 | 심사기일을 지정(통보)하여 출석한 양 당사자에 대한 진술청취·심문 후 심리종결 및 결정 |

## 2. 문서제출 및 심사결정 기한

### 가. 문서제출 기한

| 문서종류 | 제출기한 | 관련규정 |
|---|---|---|
| 피청구인의 답변서 및 그 부본 (증거자료 포함) | 소청심사청구서 부본을 송부 받은 날부터 7일 이내(7일 이내 제출이 어려울 경우에는 사전허가를 얻어 연기 신청하고, 그 사유가 타당하면 5일 이내 연장 가능) | 교원소청에 관한 규정 제5조, 제11조 |
| 양 당사자의 보충서면 및 그 부본 (증거자료 포함) | 상대방 서면을 송부 받은 날부터 5일 이내(양 당사자 필요 시 제출하며, 기한내 제출이 어려울 경우에는 사전허가를 얻어 연기 가능) | |

나. 소청심사결정 기한 : 소청심사청구서를 접수한 날부터 60일 이내에 결정하되, 위원회가 불가피하다고 인정하는 경우 그 의결로 30일 연장 가능

3. 소청심사결정기한을 지키기 위한 양 당사자 유의사항

가. 문서의 기한내 제출 : 원칙적 법정기한인 60일 이내에 결정하려면 양 당사자는 보충서면을 포함한 모든 서면·증거자료를 소청심사청구일부터 40일 이내까지 제출하여야 함. 정당한 이유가 있는 경우 사전허가를 얻어 청구일부터 40일 이후에 제출하실 수 있으나, 이 경우 소청심사위원회는 심사결정기한을 연장하게 되고 따라서 60일 이후에나 심사결정을 하게 됨

나. 예외적인 결정기한 : 서면 제출 지연으로 심사결정이 늦어지는 예외적인 경우라도 최종 법정기한인 90일 이내에는 결정하여야 하므로 보충서면의 제출을 70일 이내에 끝내야 함. 만일 보충서면을 70일 이후에 제출할 때에는 "보충서면 제출로 인해 심사기한 90일을 경과하여 결정하여 달라"는 취지의 심사기일연기신청서를 우리 소청심사위원회에 제출하여야 하며, 이 경우 상대방의 동의를 구해야 하고 그러지 못한 경우 우리 위원회는 90일 이내에 심사를 종결하여야 하므로 70일 이후에 제출된 보충서면은 결정에 반영되지 못할 수 있음.

# 교원지위향상을 위한 특별법 및
# 교원소청에 관한 규정 등 주요내용

○ 청구대상 : 각급학교 교원의 징계처분과 그 밖에 그 의사에 반하는 불리한 처분(대학 교원에 대한 재임용 거부처분 포함) * 법 9조 1항

○ 청구자격 : 국·공·사립을 모두 포함하는 각급학교 교원

① 유치원의 원장·원감·교사 (유아교육법 20조, 22조 및 동법 별표1, 2의 자격기준 참조) ② 초·중·고의 교장·교감·교사 (초·중등교육법 19조, 21조 및 동법 별표1, 2의 자격기준 참조) ③ 대학의 총장·학장·교수·부교수·조교수·전임강사 (고등교육법 14조, 16조 및 '교수자격기준 등에 관한 규정' 참조)

○ 청구기간 : 청구의 대상이 되는 처분이 있었던 것을 안 날부터 30일 이내 * 법 9조 1항

☞ 안 날(초일, 첫날)은 불산입, 기간의 말일이 토·일요일인 경우 그 다음주 월요일까지로 연장됨 * 민법 157조, 161조

○ 청구서류 : 아래 사항을 기재·구비한 소청심사청구서 1부 및 그 부본 1부(총 2부) * 영 2조, 3조

① 청구인의 성명·주민등록번호·주소·전화번호 등(변호사를 선임한 경우 그 내용 및 선임장 포함) ② 청구인의 (전)소속학교명 및 (전)직위 ③ 피청구인(우편번호·주소·연락처 등 포함) ④ 청구의 대상이 되는 처분의 내용 ⑤ 처분이 있었던 것을 안 날 ⑥ 청구의 취지(취소·감경·무효확인 등) ⑦ 청구의 이유(주장) 및 입증방법(증거서류) ⑧ 피청구인으로부터 받은 처분사유설명서 또는 인사발령통지서 * 만약 법 9조 1항의 청구기한을 넘긴 경

우에는 천재지변, 불가항력, 피청구인의 통지 잘못 등 청구인의 책임이 아닌 사유가 있음을 입증하는 자료

○ 답변서 제출 : 위원회가 피청구인에게 답변서의 제출을 요구한 경우 피청구인은 지정된 기일 내에 답변서와 청구인의 수에 따른 부본을 제출하여야 하며, 그 답변서에는 처분 등의 근거와 이유를 명시하고, 청구의 취지와 이유에 대응하는 답변 및 입증자료가 포함되어야 함. * 영 5조

○ 증거제출권 : 청구인과 피청구인은 증거물 등 소청심사에 필요한 자료(2부)를 위원회에 제출할 수 있음. * 영 14조

○ 자료제출요구 등 : 위원회가 징계(요구)기관 또는 관계기관 등에 대하여 소청심사와 관련된 자료의 제출을 요구한 경우 그 기관은 지정된 기간 내에 이를 제출하여야 함 * 영 11조

○ 대리인 지정 : 청구인은 변호사를 대리인으로 선임할 수 있고, 피청구인은 소속직원 또는 변호사를 대리인으로 지정 또는 선임할 수 있으며, 이 경우 각각 위임장(선임장) 또는 지정서를 제출하여야 함 (다만 소속직원 대리인 지정서는 위원회가 추후 제출을 요구할 때 제출) * 법 9조 1항, 영 4조

○ 처분변경통지 : (소청심사청구가 제기된 후) 피청구인이 원처분을 취소·변경하거나 소청심사청구의 취지에 따라 다시 처분한 경우 피청구인은 위원회 및 청구인에게 그 사실을 통지하여야 함 * 영 7조

○ 청구 취하 : 청구인은 소청심사결정이 있을 때까지는 (서면으로) 청구의 일부 또는 전부를 취하할 수 있음 * 영 8조

○ 심사결정기한 : 위원회는 청구(서)를 접수한 날부터 60일 이내에 이에 대한 결정을 하여야 하며, 위원회가 불가피하다고 인정하는 경우 그 의결로 30일 연장 가능 * 법 10조 1항

○ 진술기회부여 : 위원회가 심사결정을 할 때에는 청구인과 피청구
인에게 출석진술의 기회를 주어야 함. 단, 청구기간의 경과 등 청
구가 부적법하여 각하결정하는 경우와 청구의 대상이 되는 처분
의 질차상 하자가 명백하여 그 처분을 취소결정을 하는 경우에는
출석진술 없이 결정할 수 있음. * 영 13조

○ 출석기일통지 : 위원회가 심사결정을 할 때에는 청구인과 피청
구인에게 (출석)심사 일시 및 장소를 통지하여야 함(통상 7일 이
전) * 영 9조

○ 위원기피신청 : 당사자는 위원회의 위원에게 심사·결정의 공정
을 기대하기 어려운 사정이 있는 경우에는 기피신청을 할 수 있
음. * 영 10조 2항

○ 심사결정유형 : ① 청구가 부적법한 경우 청구 각하 ② 청구가 이
유 없는 경우 청구 기각 ③ 청구가 이유 있는 경우 처분 취소·변
경(감경) ④ 처분의 효력 유무 등에 대한 확인을 구하는 청구가
이유 있는 경우 처분의 효력 유무 등 확인 ⑤ 위법·부당한 거부
처분에 대한 청구가 이유 있다고 인정하는 경우 청구 취지에 따
른 의무이행 명령 * 영 16조 2항

○ 재징계절차 : 위원회가 처분을 취소·변경·무효확인 결정한 것
이, 청구의 대상이 된 처분에 있어서 법령의 적용, 증거 및 사실
조사에 명백한 흠이 있거나 징계위원회의 구성 또는 징계의결 등
절차상의 흠이 있음을 이유로 한 경우 처분권자는 다시 청구인에
대한 징계절차를 밟아 심사결정서를 받은 날부터 3월 이내에 징
계절차를 완료하여야 함. * 영 16조 3항

○ 결정서송부 : 위원회는 소청사건에 대한 결정을 한 때에는 결정
서를 작성하고 그 정본을 (통상 15일 정도 소요) 청구인과 피청
구인에게 송부하여야 함 * 영 19조

부록 2. 교원소청심사 처리절차 및 관련법령

○ 심사결정효력 : 소청심사청구에 대한 위원회의 결정은 처분권자 (피청구인)를 기속함 * 법 10조의 2

○ 구제조치 : 처분권자는 심사위원회의 결정서를 송달받은 날부터 30일 이내에 결정의 취지에 따라 조치를 취하여야 하고, 그 결과를 심사위원회에 제출하여야 한다. * 법 제10조 제3항

○ 결정 불복 : 심사 결정에 대하여 불복하는 교원 및 사학법인 등 당사자는 결정서를 송달받은 날부터 30일 이내에 행정소송법으로 정하는 바에 따라 행정소송을 제기할 수 있음 * 법 10조 4항

☞ 사립교원 및 학교법인 등은 교원소청심사위원회를 상대로 행정소송 제기

☞ 국공립교원은 원처분청(교육감 등)을 상대로 행정소송 제기(단, 각하 결정에 한하여 교원소청심사위원회를 상대로 행정소송 제기; 행정소송법 19조 단서)

○ 소송결과통보 : 국공립교원이 심사결정에 불복하여 피청구인을 피고로 하여 소송을 제기한 경우, 피청구인은 청구인이 소송을 제기한 사실과 소송결과를 위원회에 통보하여야 함 * 영 23조

# 교원의 지위 향상 및 교육활동 보호를 위한 특별법

법률 제19094호 일부개정 2022. 12. 27.

## 제1조(목적)

이 법은 교원에 대한 예우와 처우를 개선하고 신분보장과 교육활동에 대한 보호를 강화함으로써 교원의 지위를 향상시키고 교육 발전을 도모하는 것을 목적으로 한다. [개정 2016. 2. 3] [[시행일 2016. 8. 4]]

[전문개정 2008. 3. 14]

## 제2조(교원에 대한 예우)

① 국가, 지방자치단체, 그 밖의 공공단체는 교원이 사회적으로 존경받고 높은 긍지와 사명감을 가지고 교육활동을 할 수 있는 여건을 조성하도록 노력하여야 한다.

② 국가, 지방자치단체, 그 밖의 공공단체는 교원이 학생에 대한 교육과 지도를 할 때 그 권위를 존중받을 수 있도록 특별히 배려하여야 한다.

③ 국가, 지방자치단체, 그 밖의 공공단체는 그가 주관하는 행사 등에서 교원을 우대하여야 한다. [개정 2016. 2. 3] [[시행일 2016. 8. 4]]

④ 제1항부터 제3항까지에서 규정한 사항 외에 교원에 대한 예우에 필요한 사항은 대통령령으로 정한다. [신설 2016. 2. 3] [[시행일 2016. 8. 4]]

[전문개정 2008. 3. 14]

제3조(교원 보수의 우대)
① 국가와 지방자치단체는 교원의 보수를 특별히 우대하여야 한다.
② 「사립학교법」 제2조에 따른 학교법인과 사립학교 경영자는 그가
   설치·경영하는 학교 교원의 보수를 국공립학교 교원의 보수 수
   준으로 유지하여야 한다.
[전문개정 2008. 3. 14]

제4조(교원의 불체포특권)
교원은 현행범인인 경우 외에는 소속 학교의 장의 동의 없이 학원
안에서 체포되지 아니한다.
[전문개정 2008. 3. 14]

제5조(학교 안전사고로부터의 보호)
① 각급학교 교육시설의 설치·관리 및 교육활동 중에 발생하는 사
   고로부터 교원과 학생을 보호함으로써 교원이 그 직무를 안정되
   게 수행할 수 있도록 하기 위하여 학교안전공제회를 설립·운영
   한다.
② 학교안전공제회에 관하여는 따로 법률로 정한다.
[전문개정 2008. 3. 14]

제6조(교원의 신분보장 등)
① 교원은 형(刑)의 선고, 징계처분 또는 법률로 정하는 사유에 의
   하지 아니하고는 그 의사에 반하여 휴직·강임(降任) 또는 면직
   을 당하지 아니한다.

②교원은 해당 학교의 운영과 관련하여 발생한 부패행위나 이에 준하는 행위 및 비리 사실 등을 관계 행정기관 또는 수사기관 등에 신고하거나 고발하는 행위로 인하여 정당한 사유 없이 징계조치 등 어떠한 신분상의 불이익이나 근무조건상의 차별을 받지 아니한다.

[전문개정 2008. 3. 14]

제7조(교원소청심사위원회의 설치)

①각급학교 교원의 징계처분과 그 밖에 그 의사에 반하는 불리한 처분(「교육공무원법」 제11조의4제4항 및 「사립학교법」 제53조의2제6항에 따른 교원에 대한 재임용 거부처분을 포함한다. 이하 같다)에 대한 소청심사(訴請審査)를 하기 위하여 교육부에 교원소청심사위원회(이하 "심사위원회"라 한다)를 둔다. [개정 2013.3.23 제11690호(정부조직법), 2016.1.27 제13819호(교육공무원법)]

②심사위원회는 위원장 1명을 포함하여 9명 이상 12명 이내의 위원으로 구성하되 위원장과 대통령령으로 정하는 수의 위원은 상임(常任)으로 한다. [개정 2019. 12. 3] [[시행일 2020. 6. 4]]

③제2항에 따라 구성된 심사위원회는 교원 또는 교원이었던 위원이 전체 위원 수의 2분의 1을 초과하여서는 아니 된다. [신설 2019. 12. 3] [[시행일 2020. 6. 4]]

④심사위원회의 조직에 관하여 필요한 사항은 대통령령으로 정한다. [개정 2019. 12. 3] [[시행일 2020. 6. 4]]

[전문개정 2008. 3. 14]

제8조(위원의 자격과 임명)

① 심사위원회의 위원(위원장을 포함한다. 이하 같다)은 다음 각 호의 어느 하나에 해당하는 자 중에서 교육부장관의 제청으로 대통령이 임명한다. [개정 2013. 3. 23 제11690호(정부조직법), 2019. 4. 23, 2019. 12. 3] [[시행일 2020. 6. 4]]

1. 판사, 검사 또는 변호사의 직에 5년 이상 재직 중이거나 재직한 자
2. 교육 경력이 10년 이상인 교원 또는 교원이었던 자
3. 교육행정기관의 3급 이상 공무원 또는 고위공무원단에 속하는 일반직공무원이거나, 3급 이상 공무원 또는 고위공무원단에 속하는 일반직공무원이었던 자
4. 사립학교를 설치·경영하는 법인의 임원이나 사립학교 경영자
5. 「교육기본법」 제15조 제1항에 따라 중앙에 조직된 교원단체에서 추천하는 자
6. 대학에서 법률학을 담당하는 부교수 이상으로 재직 중이거나 재직한 자

② 심사위원회 위원의 임기는 3년으로 하되, 1차에 한하여 연임할 수 있다.
③ 심사위원회의 위원장과 상임위원은 대통령령으로 정하는 다른 직무를 겸할 수 없다.
④ 위원은 임기가 만료된 경우 후임자가 임명될 때까지 계속 그 직무를 수행한다. [신설 2022. 12. 27]
[전문개정 2008. 3. 14]

제8조의 2(위원의 결격사유 등)
① 다음 각 호의 어느 하나에 해당하는 사람은 심사위원회의 공무원이 아닌 위원이 될 수 없다.
1. 「국가공무원법」 제33조 각 호의 어느 하나에 해당하는 사람

2. 「정당법」에 따른 정당의 당원

3. 「공직선거법」에 따라 실시하는 선거에 후보자로 등록한 사람

② 공무원이 아닌 위원이 제1항 각 호의 어느 하나에 해당하게 된 경우에는 당연히 퇴직한다.

[본조신설 2019. 4. 23]


제8조의 3(위원의 신분 보장)

심사위원회의 위원은 장기의 심신미약으로 직무를 수행할 수 없게 된 경우가 아니면 본인의 의사에 반하여 면직되지 아니한다.

[본조신설 2019. 4. 23]


제8조의 4(벌칙 적용에서 공무원 의제)

심사위원회의 공무원이 아닌 위원은 「형법」 제127조 및 제129조부터 제132조까지의 규정을 적용할 때에는 공무원으로 본다.

[본조신설 2019. 4. 23]


제9조(소청심사의 청구 등)

① 교원이 징계처분과 그 밖에 그 의사에 반하는 불리한 처분에 대하여 불복할 때에는 그 처분이 있었던 것을 안 날부터 30일 이내에 심사위원회에 소청심사를 청구할 수 있다. 이 경우에 심사청구인은 변호사를 대리인으로 선임(選任)할 수 있다.

② 본인의 의사에 반하여 파면·해임·면직처분을 하였을 때에는 그 처분에 대한 심사위원회의 최종 결정이 있을 때까지 후임자를 보충 발령하지 못한다. 다만, 제1항의 기간 내에 소청심사청구를 하지 아니한 경우에는 그 기간이 지난 후에 후임자를 보충 발령할 수 있다.

[전문개정 2008. 3. 14]

제10조(소청심사 결정 등)

① 심사위원회는 소청심사청구를 접수한 날부터 60일 이내에 이에 대한 결정을 하여야 한다. 다만, 심사위원회가 불가피하다고 인정하면 그 의결로 30일을 연장할 수 있다.

② 심사위원회는 다음 각 호의 구분에 따라 결정한다. [개정 2019. 4. 23]

1. 심사 청구가 부적법한 경우에는 그 청구를 각하(却下)한다.

2. 심사 청구가 이유 없다고 인정하는 경우에는 그 청구를 기각(棄却)한다.

3. 처분의 취소 또는 변경을 구하는 심사 청구가 이유 있다고 인정하는 경우에는 처분을 취소 또는 변경하거나 처분권자에게 그 처분을 취소 또는 변경할 것을 명한다.

4. 처분의 효력 유무 또는 존재 여부에 대한 확인을 구하는 심사 청구가 이유 있다고 인정하는 경우에는 처분의 효력 유무 또는 존재 여부를 확인한다.

5. 위법 또는 부당한 거부처분이나 부작위에 대하여 의무 이행을 구하는 심사 청구가 이유 있다고 인정하는 경우에는 지체 없이 청구에 따른 처분을 하거나 처분을 할 것을 명한다.

③ 처분권자는 심사위원회의 결정서를 송달받은 날부터 30일 이내에 제1항에 따른 결정의 취지에 따라 조치(이하 "구제조치"라 한다)를 하여야 하고, 그 결과를 심사위원회에 제출하여야 한다. [신설 2021. 3. 23] [[시행일 2021. 9. 24]]

④ 제1항에 따른 심사위원회의 결정에 대하여 교원, 「사립학교법」 제2조에 따른 학교법인 또는 사립학교 경영자 등 당사자(공공

단체는 제외한다)는 그 결정서를 송달받은 날부터 30일 이내에 「행정소송법」으로 정하는 바에 따라 소송을 제기할 수 있다. [개정 2021. 3. 23] [[시행일 2021. 9. 24]]

⑤ 제4항에 따른 기간 이내에 행정소송을 제기하지 아니하면 그 결정은 확정된다. [신설 2021. 3. 23] [[시행일 2021. 9. 24]]

⑥ 소청심사의 청구·심사 및 결정 등 심사 절차에 관하여 필요한 사항은 대통령령으로 정한다. [개정 2021. 3. 23] [[시행일 2021. 9. 24]]

[전문개정 2008. 3. 14]

[본조제목개정 2021. 3. 23] [[시행일 2021. 9. 24]]

제10조의 2(결정의 효력)

심사위원회의 결정은 처분권자를 기속한다. 이 경우 제10조 제4항에 따른 행정소송 제기에 의하여 그 효력이 정지되지 아니한다.

[본조신설 2021. 3. 23 종전의 제10조의 2는 제10조의 5로 이동] [[시행일 2021. 9. 24]]

제10조의 3(구제명령)

교육부장관, 교육감 또는 관계 중앙행정기관의 장은 처분권자가 상당한 기일이 경과한 후에도 구제조치를 하지 아니하면, 그 이행기간을 정하여 서면으로 구제조치를 하도록 명하여야 한다.

[전문개정 2021. 3. 23] [[시행일 2021. 9. 24]]

제10조의 4(이행강제금)

① 교육부장관, 교육감 또는 관계 중앙행정기관의 장은 처분권자가 제10조의 3에 따른 구제명령(이하 이 소에서 "구세명령"이라 힌

다)을 이행하지 아니한 경우에는 처분권자에게 2천만원 이하의 이행강제금을 부과한다.

② 제1항에 따른 이행강제금을 부과할 때에는 이행강제금의 액수, 부과사유, 납부기한, 수납기관, 이의제기방법 및 이의제기기관 등을 명시한 문서로써 하여야 한다.

③ 제1항에 따른 이행강제금의 금액산정 기준, 부과·징수된 이행강제금의 반환절차, 그 밖에 필요한 사항은 대통령령으로 정한다.

④ 교육부장관, 교육감 또는 관계 중앙행정기관의 장은 최초의 구제명령을 한 날을 기준으로 매년 2회의 범위에서 구제명령이 이행될 때까지 반복하여 제1항에 따른 이행강제금을 부과·징수할 수 있다. 이 경우 이행강제금은 2년을 초과하여 부과·징수하지 못한다.

⑤ 교육부장관, 교육감 또는 관계 중앙행정기관의 장은 구제명령을 받은 처분권자가 구제명령을 이행하면 새로운 이행강제금을 부과하지 아니하되, 구제명령을 이행하기 전에 이미 부과된 이행강제금은 징수하여야 한다.

⑥ 교육부장관, 교육감 또는 관계 중앙행정기관의 장은 이행강제금 납부의무자가 납부기한까지 이행강제금을 내지 아니하면 기간을 정하여 독촉을 하고 지정된 기간 내에 제1항에 따른 이행강제금을 내지 아니하면 국세강제징수의 예에 따라 징수할 수 있다.

[본조신설 2021. 3. 23] [[시행일 2021. 9. 24]]


제10조의 5(위원의 제척·기피·회피)

① 심사위원회의 위원은 다음 각 호의 어느 하나에 해당하는 경우에는 그 소청사건의 심사·결정에서 제척(除斥)된다.

1. 위원 또는 그 배우자나 배우자이었던 사람이 해당 소청사건의 당

사자가 된 경우

2. 위원이 해당 소청사건의 당사자 또는 당사자의 대리인과 친족관계에 있거나 있었던 경우

3. 위원이 해당 소청사건에 관하여 증언이나 검정 또는 감정을 한 경우

4. 위원이 해당 소청사건에 관하여 당사자의 대리인으로서 관여하거나 관여하였던 경우

5. 위원이 해당 소청심사 청구의 대상이 된 처분에 관여한 경우

② 당사자는 심사위원회의 위원에게 심사ㆍ결정의 공정을 기대하기 어려운 사정이 있는 경우에는 기피신청을 할 수 있다. 이 경우 심사위원회는 결정으로 기피신청을 받아들일 것인지 여부를 판단하여야 한다.

③ 제2항에 따라 기피신청을 받은 위원은 기피신청에 대한 심사위원회의 의결에 참여하지 못한다.

④ 심사위원회의 위원은 제1항 또는 제2항의 사유에 해당하는 경우에는 스스로 그 소청사건의 심사ㆍ결정에서 회피(回避)할 수 있다.

[본조신설 2019. 4. 23]

[본조개정 2021. 3. 23 제10조의2에서 이동] [[시행일 2021. 9. 24]]

제11조(교원의 지위 향상을 위한 교섭ㆍ협의)

① 「교육기본법」 제15조 제1항에 따른 교원단체는 교원의 전문성 신장과 지위 향상을 위하여 특별시ㆍ광역시ㆍ특별자치시ㆍ도 및 특별자치도(이하 "시ㆍ도"라 한다) 교육감이나 교육부장관과 교섭ㆍ협의한다. [개정 2013. 3. 23 제11690호(정부조직법), 2016.

2. 3] [[시행일 2016. 8. 4]]

② 시 · 도 교육감(이하 "교육감"이라 한다)이나 교육부장관은 제1
항에 따른 교섭 · 협의에 성실히 응하여야 하며, 합의된 사항을 시
행하기 위하여 노력하여야 한다. [개정 2013. 3. 23 제11690호
(정부조직법), 2016. 2. 3] [[시행일 2016. 8. 4]]

[전문개정 2008. 3. 14]


제12조(교섭 · 협의 사항)

제11조제1항에 따른 교섭 · 협의는 교원의 처우 개선, 근무조건 및
복지후생과 전문성 신장에 관한 사항을 그 대상으로 한다. 다만, 교
육과정과 교육기관 및 교육행정기관의 관리 · 운영에 관한 사항은
교섭 · 협의의 대상이 될 수 없다.

[전문개정 2008. 3. 14]


제13조(교원지위향상심의회의 설치)

① 제11조 제1항에 따른 교섭 · 협의 과정에서 당사자로부터 교섭 ·
협의 사항에 관한 심의요청이 있는 경우 이를 심의하기 위하여
교육부와 시 · 도에 각각 교원지위향상심의회를 두되 교육부는 7
명 이내, 시 · 도는 5명 이내의 위원으로 구성한다. 다만, 위원장
을 제외한 위원의 2분의 1은 교원단체가 추천한 사람으로 한다.
[개정 2013. 3. 23 제11690호(정부조직법), 2016. 2. 3] [[시행
일 2016. 8. 4]]

② 교원지위향상심의회의 운영과 위원의 자격 및 선임에 관하여 필
요한 사항은 대통령령으로 정한다.

[전문개정 2008. 3. 14]

제14조(교원의 교육활동 보호)

① 국가, 지방자치단체, 그 밖의 공공단체는 교원이 교육활동을 원활하게 수행할 수 있도록 적극 협조하여야 한다.

② 국가와 지방자치단체는 교원의 교육활동을 보호하기 위하여 다음 각 호의 사항에 관한 시책을 수립·시행하여야 한다.

1. 제15조 제1항에 따른 교육활동 침해행위와 관련된 조사·관리 및 교원의 보호조치

2. 교육활동과 관련된 분쟁의 조정 및 교원에 대한 법률 상담

3. 교원에 대한 민원 등의 조사·관리

4. 그 밖에 교원의 교육활동 보호를 위하여 필요하다고 인정되는 사항

③ 제2항에 따른 시책의 구체적인 내용 및 시책의 수립·시행에 필요한 사항은 대통령령으로 정한다.

[본조신설 2016. 2. 3] [[시행일 2016. 8. 4]]


제14조의 2(법률지원단의 구성 및 운영)

① 제15조 제3항에 따른 관할청은 「학교폭력예방 및 대책에 관한 법률」 제2조 제1호에 따른 학교폭력이 발생한 경우 또는 교육활동과 관련하여 분쟁이 발생한 경우에 해당 교원에게 법률 상담을 제공하기 위하여 변호사 등 법률전문가가 포함된 법률지원단을 구성·운영하여야 한다.

② 제1항에 따른 법률지원단의 구성 및 운영에 필요한 사항은 교육부령 또는 시·도의 교육규칙으로 정한다.

[본조신설 2019. 4. 16] [[시행일 2019. 10. 17]]


제14조의 3(특별휴가)

제15조 제1항에 따른 교육활동 침해행위로 피해를 입은 교원은 교육부장관이 정하는 바에 따라 특별휴가를 사용할 수 있다.
[본조신설 2019. 4.16] [[시행일 2019. 10. 17]]

제15조(교육활동 침해행위에 대한 조치)

① 제3항에 따른 관할청과 「유아교육법」에 따른 유치원 및 「초·중등교육법」에 따른 학교(이하 "고등학교 이하 각급학교"라 한다)의 장은 소속 학교의 학생 또는 그 보호자 등이 교육활동 중인 교원에 대하여 다음 각 호의 어느 하나에 해당하는 행위(이하 "교육활동 침해행위"라 한다)를 한 사실을 알게 된 경우에는 즉시 교육활동 침해행위로 피해를 입은 교원의 치유와 교권 회복에 필요한 조치(이하 "보호조치"라 한다)를 하여야 한다. [개정 2019. 4. 16] [[시행일 2019. 10. 17]]

1. 「형법」 제2편 제25장(상해와 폭행의 죄), 제30장(협박의 죄), 제33장(명예에 관한 죄) 또는 제42장(손괴의 죄)에 해당하는 범죄행위

2. 「성폭력범죄의 처벌 등에 관한 특례법」 제2조 제1항에 따른 성폭력범죄 행위

3. 「정보통신망 이용촉진 및 정보보호 등에 관한 법률」 제44조의 7 제1항에 따른 불법정보 유통 행위

4. 그 밖에 교육부장관이 정하여 고시하는 행위로서 교육활동을 부당하게 간섭하거나 제한하는 행위

② 보호조치의 유형은 다음 각 호와 같다. [신설 2019. 4. 16] [[시행일 2019. 10. 17]]

1. 심리상담 및 조언

2. 치료 및 치료를 위한 요양

3. 그 밖에 치유와 교권 회복에 필요한 조치

③ 제1항에 따라 보호조치를 한 고등학교 이하 각급학교의 장은 지체 없이 다음 각 호의 구분에 따른 지도·감독기관(이하 "관할청"이라 한다)에 교육활동 침해행위의 내용과 보호조치 결과를 보고하여야 하며, 교육감은 대통령령으로 정하는 중대한 사항의 경우에 이를 교육부장관에게 즉시 보고하여야 한다. [개정 2019. 4. 16, 2019. 12. 10] [[시행일 2020. 6. 11]]

1. 국립의 고등학교 이하 각급학교 : 교육부장관

2. 공립·사립의 고등학교 이하 각급학교 : 교육감

④ 제3항에 따라 보고받은 관할청은 교육활동 침해행위로 피해를 입은 교원이 요청하는 경우 교육활동 침해행위가 관계 법률의 형사처벌규정에 해당한다고 판단하면 관할 수사기관에 고발하여야 한다. [신설 2019. 4. 16] [[시행일 2019. 10. 17]]

⑤ 교육활동 침해행위로 피해를 입은 교원의 보호조치에 필요한 비용은 교육활동 침해행위를 한 학생의 보호자(친권자, 후견인 및 그 밖에 법률에 따라 학생을 부양할 의무가 있는 자를 말한다. 이하 같다) 등이 부담하여야 한다. 다만, 피해교원의 신속한 치료를 위하여 교육활동 침해행위로 피해를 입은 교원 또는 고등학교 이하 각급학교의 장이 원하는 경우에는 관할청이 부담하고 이에 대한 구상권을 행사할 수 있다. [신설 2019. 4. 16] [[시행일 2019. 10. 17]]

⑥ 제5항에 따른 보호조치 비용부담 및 구상권의 범위, 절차 등에 필요한 사항은 대통령령으로 정한다. [신설 2019. 4. 16] [[시행일 2019. 10. 17]]

[본조신설 2016. 2. 3] [[시행일 2016. 8. 4]]

제16조(교육활동 침해행위의 축소·은폐 금지 등)

① 고등학교 이하 각급학교의 장은 제15조 제3항에 따른 보고를 할 때 교육활동 침해행위의 내용을 축소하거나 은폐해서는 아니 된다. [개정 2019. 4. 16] [[시행일 2019. 10. 17]]

② 관할청은 제15조 제3항에 따라 보고받은 자료를 해당 학교 또는 해당 학교의 장에 대한 업무 평가 등에 부정적인 자료로 사용해서는 아니 된다. [개정 2019. 4. 16] [[시행일 2019. 10. 17]]

[본조신설 2016. 2. 3] [[시행일 2016. 8. 4]]


제16조의 2(실태조사)

① 관할청은 교원의 교육활동에 대한 보호를 강화하기 위하여 교육활동 침해행위, 보호조치 및 제18조에 따른 조치 등에 대하여 대통령령으로 정하는 바에 따라 실태조사를 할 수 있다.

② 관할청은 제1항에 따른 실태조사를 실시하기 위하여 필요한 경우 해당 학교의 장, 관련 기관 또는 단체 등에 관련 자료의 제출을 요구할 수 있다.

③ 제1항에 따른 실태조사의 내용, 범위 및 절차 등에 필요한 사항은 대통령령으로 정한다.

[본조신설 2019. 4. 16] [[시행일 2019. 10. 17]]


제16조의 3(교육활동 침해행위 예방교육)

① 고등학교 이하 각급학교의 장은 교직원·학생·학생의 보호자를 대상으로 교육활동 침해행위 예방교육을 매년 1회 이상 실시하여야 한다.

② 고등학교 이하 각급학교의 장은 제1항에 따른 교육프로그램의 구성 및 운영 등을 전문단체 또는 전문가에게 위탁할 수 있다.

③고등학교 이하 각급학교의 장은 제1항에 따른 교육프로그램의 구성 및 운영 계획을 교직원·학생·학생의 보호자가 쉽게 확인할 수 있도록 학교 홈페이지에 게시하고, 그 밖에 다양한 방법으로 학부모에게 알릴 수 있도록 노력하여야 한다.

④그 밖에 교육활동 침해행위 예방교육의 실시 등에 필요한 사항은 대통령령으로 정한다.

[본조신설 2019. 4. 16] [[시행일 2019. 10. 17]]

제17조(교원치유지원센터의 지정 등)

①관할청은 교육활동 침해행위로 피해를 입은 교원의 정신적 피해에 대한 치유를 지원하기 위하여 전문인력 및 시설 등 대통령령으로 정하는 요건을 갖춘 기관 또는 단체를 교원치유지원센터로 지정할 수 있다.

②관할청은 제1항에 따른 교원치유지원센터의 운영에 드는 비용의 전부 또는 일부를 예산의 범위에서 지원할 수 있다.

[본조신설 2016. 2. 3] [[시행일 2016. 8. 4]]

제18조(교육활동 침해 학생에 대한 조치 등)

① 고등학교 이하 각급학교의 장은 소속 학생이 교육활동 침해행위를 한 경우에는 해당 학생에 대하여 다음 각 호의 어느 하나에 해당하는 조치를 할 수 있다. 다만, 퇴학처분은 의무교육과정에 있는 학생에 대하여는 적용하지 아니한다. [개정 2019. 4. 16] [[시행일 2019. 10. 17]]

1. 학교에서의 봉사
2. 사회봉사
3. 학내외 전문가에 의한 특별교육 이수 노는 심티치료

4. 출석정지

5. 학급교체

6. 전학

7. 퇴학처분

② 고등학교 이하 각급학교의 장은 제1항 제6호에 따른 조치를 하기 전에 해당 학생이 「학교폭력예방 및 대책에 관한 법률」 제17조 제3항에 따라 교육감이 정한 기관에서 특별교육을 이수하거나 심리치료를 받도록 하여야 한다. [신설 2019. 4. 16] [[시행일 2019. 10. 17]]

③ 고등학교 이하 각급학교의 장은 제1항 제1호, 제2호, 제4호 및 제5호의 조치를 받은 학생이 「학교폭력예방 및 대책에 관한 법률」 제17조 제3항에 따라 교육감이 정한 기관에서 특별교육 또는 심리치료를 받게 할 수 있다. [신설 2019. 4. 16] [[시행일 2019. 10. 17]]

④ 관할청은 제1항부터 제3항까지의 규정에 따른 특별교육 또는 심리치료에 해당 학생의 보호자도 참여하게 하여야 한다. [개정 2019. 4. 16] [[시행일 2019. 10. 17]]

⑤ 고등학교 이하 각급학교의 장이 제1항 각 호의 어느 하나에 해당하는 조치를 할 때에는 해당 학생이나 보호자에게 의견을 진술할 기회를 주는 등 적정한 절차를 거쳐야 한다. [신설 2019. 4. 16] [[시행일 2019. 10. 17]]

⑥ 고등학교 이하 각급학교의 장이 제1항 각 호의 어느 하나에 해당하는 조치를 할 때에는 제19조제2항에 따른 학교교권보호위원회의 심의를 거쳐야 한다. [신설 2019. 4. 16] [[시행일 2019. 10. 17]]

⑦ 교육활동 침해행위를 한 학생이 제1항제1호부터 제3호까지의

규정에 따른 조치를 받은 경우 또는 제2항 및 제3항에 따른 특별 교육 및 심리치료를 받은 경우 이와 관련된 결석은 학교의 장이 인정하는 때에는 이를 출석일수에 산입할 수 있다. [신설 2019. 4. 16] [[시행일 2019. 10. 17]]

⑧ 제1항 제6호 및 제7호에 따른 조치에 대하여 이의가 있는 학생 또는 그 보호자는 그 조치를 받은 날부터 15일 이내 또는 그 조치가 있음을 안 날부터 10일 이내에 「초·중등교육법」 제18조의 3에 따른 시·도학생징계조정위원회에 재심을 청구할 수 있다. 이 경우 재심청구, 심사절차, 결정통보 등은 같은 법 제18조의 2 제2항부터 제4항까지의 규정을 준용한다. [신설 2019. 4. 16] [[시행일 2019. 10. 17]]

⑨ 그 밖에 조치별 적용 기준 및 절차 등에 필요한 사항은 대통령령으로 정한다. [신설 2019. 4. 16] [[시행일 2019. 10. 17]]

[본조신설 2016. 2. 3] [[시행일 2016. 8. 4]]

[본조제목개정 2019. 4. 16] [[시행일 2019. 10. 17]]


제18조의 2(교원의 근무환경 실태조사)

① 관할청은 「도서·벽지 교육진흥법」 제2조에 따른 도서·벽지에서 근무하는 교원의 근무환경 실태를 파악하기 위하여 3년마다 실태조사를 실시하여야 한다.

② 제1항에 따른 실태조사의 내용, 방법 및 절차 등에 관하여 필요한 사항은 대통령령으로 정한다.

[본조신설 2019. 12. 10] [[시행일 2020. 6. 11]]


제19조(교권보호위원회의 설치·운영)

① 고등학교 이하 각급학교 교원의 교육활동 보호에 관한 다음 각

호의 사항을 심의하기 위하여 시·도 교육청에 교권보호위원회
(이하 "시·도교권보호위원회"라 한다)를 둔다.

1. 교원의 교육활동 보호를 위한 시책의 수립
2. 교원의 교육활동과 관련된 다음 각 목의 분쟁 조정
가. 제2항에 따른 학교교권보호위원회에서 조정되지 아니한 분쟁의
　　조정
나. 제2항에 따른 학교교권보호위원회가 설치되지 아니한 유치원의
　　교원의 교육활동과 관련된 분쟁의 조정
3. 그 밖에 교육감이 교권보호를 위하여 시·도교권보호위원회의
　　심의가 필요하다고 인정하는 사항

② 교원의 교육활동 보호에 관한 다음 각 호의 사항을 심의하기 위
　　하여 유치원을 제외한 고등학교 이하 각급학교에 교권보호위원
　　회(이하 "학교교권보호위원회"라 한다)를 두며, 유치원에는 유
　　치원의 장이 필요하다고 인정하는 경우 교권보호위원회를 둘 수
　　있다.

1. 교육활동 침해 기준 마련 및 예방 대책 수립
2. 제18조 제1항 각 호에 따른 교육활동 침해 학생에 대한 조치
3. 교원의 교육활동과 관련된 분쟁의 조정
4. 그 밖에 학교규칙으로 정하는 사항

③ 그 밖에 시·도교권보호위원회와 학교교권보호위원회의 설치·
　　운영 등에 필요한 사항은 대통령령으로 정한다.

[본조신설 2019. 4. 16 종전의 제19조는 제20조로 이동] [[시행일
2019. 10. 17]]


제20조(권한의 위임)
이 법에 따른 교육부장관의 권한은 그 일부를 대통령령으로 정하

는 바에 따라 교육감 및 소속기관의 장에게 위임할 수 있다. [개정 2021. 3. 23] [[시행일 2021. 9. 24]]

[본조신설 2016. 2. 3] [[시행일 2016. 8. 4]]

[본조개정 2019. 4. 16 제19조에서 이동] [[시행일 2019. 10. 17]]


제21조(벌칙)

제10조 제5항에 따라 확정되거나 행정소송을 제기하여 확정된 소청심사 결정을 이행하지 아니한 자는 1년 이하의 징역 또는 1천만원 이하의 벌금에 처한다.

[본조신설 2021. 3. 23 종전의 제21조는 제22조로 이동] [[시행일 2021. 9. 24]]


제22조(과태료)

① 정당한 사유 없이 제18조 제4항에 따른 특별교육 또는 심리치료에 참여하지 아니한 보호자에게는 300만원 이하의 과태료를 부과한다.

② 제1항에 따른 과태료는 대통령령으로 정하는 바에 따라 관할청이 부과·징수한다.

[본조신설 2019. 4. 16] [[시행일 2019. 10. 17]]

[본조개정 2021. 3. 23 제21조에서 이동] [[시행일 2021.9.24.]]


부 칙[2022. 12. 27 제19094호]

제1조(시행일) 이 법은 공포한 날부터 시행한다.

제2조(위원의 후임자 임명 전 직무수행에 관한 적용례) 제8조 제4항의 개정규정은 이 법 시행 당시 직무를 수행 중인 위원에게도 적용한다.

# 교원소청에 관한 규정

대통령령 제32013호 일부개정 2021. 09. 24.

제1조(목적)

이 영은 교원의 소청심사청구·심사 및 결정 등에 관하여 「교원의 지위 향상 및 교육활동 보호를 위한 특별법」에서 위임된 사항과 그 시행에 관하여 필요한 사항을 규정함을 목적으로 한다. [개정 2016. 8. 2 제27418호(교원의 지위 향상 및 교육활동 보호를 위한 특별법 시행령)]

제2조(소청심사청구)

① 교원이 징계처분과 그 밖에 그 의사에 반하는 불리한 처분(「교육공무원법」 제11조의 4 제4항 및 「사립학교법」 제53조의 2 제6항에 따른 교원에 대한 재임용 거부처분을 포함한다. 이하 "처분"이라 한다)을 받고 「교원의 지위 향상 및 교육활동 보호를 위한 특별법」(이하 "법"이라 한다) 제9조 제1항에 따라 법 제7조제1항에 따른 교원소청심사위원회(이하 "심사위원회"라 한다)에 소청심사를 청구하는 경우에는 다음 각 호의 사항을 기재한 소청심사청구서와 그 부본 1부를 심사위원회에 제출해야 한다. [개정 2016. 8. 2. 제27418호(교원의 지위 향상 및 교육활동 보호를 위한 특별법 시행령), 2020. 5. 4.]
1. 소청심사를 청구하는 자(이하 "청구인"이라 한다)의 성명·주민등록번호·주소 및 전화번호
2. 청구인의 소속학교명 또는 전 소속학교명과 직위 또는 전 직위

3. 피청구인(소청심사의 대상이 되는 처분의 처분권자를 말하되, 대통령이 처분권자인 경우에는 처분제청권자를 말한다. 이하 같다.)
4. 소청심사청구의 대상이 되는 처분의 내용
5. 소청심사청구의 대상이 되는 처분이 있음을 안 날
6. 소청심사청구의 취지
7. 소청심사청구의 이유 및 입증방법

②청구인이 처분에 대한 사유설명서 또는 인사발령통지서를 받은 경우에는 그 사본 1부를 제1항의 소청심사청구서에 첨부하여야 한다.

제3조(청구기간의 진행정지)
①천재·지변·전쟁·사변 그 밖에 불가항력 등 청구인의 책임 없는 사유로 소청심사를 청구할 수 없는 기간은 소청심사청구기간에 산입하지 아니한다.
②제1항의 규정에 의한 책임이 없는 사유의 여부는 심사위원회가 결정한다.

제4조(대리인의 지정 등)
①피청구인은 제2조의 규정에 의한 소청심사청구가 있는 때에는 소속 직원 또는 변호사를 대리인으로 지정 또는 선임하여 소청심사청구에 대한 피청구인의 업무를 대리하게 할 수 있다.
②청구인이 법 제9조 제1항 후단의 규정에 의하여 변호사를 대리인으로 선임하거나 피청구인이 제1항의 규정에 의하여 소속 직원 또는 변호사를 대리인으로 지정·선임한 경우 그 변호사 또는 소속 직원 등은 그 위임장 또는 지정서를 심사위원회에 제출하여

야 한다.

제5조(피청구인의 답변서 제출)
① 심사위원회가 제2조 제1항의 규정에 의한 소청심사청구서를 받은 때에는 그 부본 1부를 피청구인에게 송부하고, 필요한 경우 답변서를 제출하도록 요구할 수 있다.
② 심사위원회가 피청구인에게 소청심사청구에 대한 답변서의 제출을 요구한 때에는 피청구인은 지정된 기일 내에 답변서와 청구인의 수에 따른 부본을 심사위원회에 제출하여야 한다. 이 경우 답변서에는 소청심사청구의 취지와 이유에 대한 답변 및 이에 대한 입증자료가 포함되어야 한다.
③ 피청구인은 답변서 및 입증자료를 제출할 때 사건관계인 등의 개인정보가 공개되지 않도록 조치해야 한다. [신설 2020. 5. 4]
④ 심사위원회는 제1항의 규정에 의하여 제출된 답변서 부본을 지체없이 청구인에게 송달하여야 한다. [개정 2020. 5. 4]

제6조(보정요구 등)
① 심사위원회는 소청심사청구서(이하 "청구서"라 한다)에 흠이 있다고 인정할 때에는 청구서를 접수한 날부터 7일 이내에 상당한 기간을 정하여 청구인에게 보정을 요구하여야 한다. 다만, 그 흠이 경미한 때에는 심사위원회가 직권으로 이를 보정할 수 있다.
② 제1항에 따른 보정기간 내에 보정하지 않을 때에는 소청심사청구를 취하한 것으로 본다. [신설 2020. 5. 4]
③ 제1항의 규정에 의한 보정이 있는 경우에는 처음부터 적법한 소청심사청구가 제기된 것으로 본다. [개정 2020. 5. 4]
④ 청구인의 소재가 분명하지 아니한 경우 심사위원회는 청구인에

게 보정을 요구하는 취지를 관보에 게재하는 것으로 그 보정요
구의 송달에 갈음할 수 있다. 이 경우 관보에 보정요구의 취지를
게재한 날부터 10일이 경과하는 날에 그 보정요구는 청구인에게
도달된 것으로 본다. [개정 2020. 5. 4]

⑤ 제1항의 규정에 의한 보정을 요구하는 경우에는 법 제10조 제1
항의 규정에 의한 소청심사 결정기간의 산정은 그 보정이 완료된
날부터 기산한다. [개정 2020. 5. 4]

## 제7조(처분의 취소)

청구인이 소청심사청구를 제기한 후 피청구인이 소청심사청구의
대상이 되는 처분을 취소·변경하거나 그 소청심사청구의 취지에
따라 다시 처분을 한 때에는 심사위원회와 청구인에게 그 사실을
통지하여야 한다.

## 제8조(소청심사청구의 취하)

청구인은 심사위원회의 결정이 있을 때까지는 소청심사청구의 일
부 또는 전부를 취하할 수 있다.

## 제9조(심사일시 등의 지정 통지)

① 심사위원회가 소청심사청구사건(이하 "소청사건"이라 한다)을
심사할 때에는 청구인과 피청구인(이하 "당사자"라 한다)이 심
사위원회에 출석할 수 있도록 당사자에게 심사일시 및 장소를 통
지해야 한다. 이 경우 심사일시 등의 통지를 받은 자가 정당한 사
유로 출석할 수 없거나 심사를 연기할 필요가 있는 경우에는 심
사위원회에 심사연기를 요청할 수 있고, 심사위원회는 심사일시
및 장소를 다시 정할 수 있다. [개정 2020. 5. 4]

②제1항의 규정에 의한 통지를 받고 심사위원회에 출석하는 자가 공무원 또는 사립학교 교직원인 경우 그 소속기관의 장은 공가를 허가하여야 한다.

③당사자의 소재가 분명하지 아니한 경우 심사위원회는 제1항의 규정에 의한 통지의 취지를 관보에 게재하는 것으로 그 통지를 갈음할 수 있다. 이 경우 심사일시 등의 통지를 관보에 게재한 날부터 10일이 경과하는 날에 그 통지가 당해 당사자에게 도달된 것으로 본다.

제10조
삭제 [2020. 5. 4]

제11조(심사위원회의 심사)
①심사위원회는 제2조의 규정에 의하여 청구서를 접수한 때에는 지체 없이 이를 심사하여야 한다.

②심사위원회는 제1항의 규정에 의한 심사를 하는데 필요하다고 인정하는 경우에는 전문적인 지식과 경험을 갖춘 자에게 검정·감정을 의뢰하거나 소속 직원으로 하여금 당해 소청사건과 관련된 사실조사를 하게 할 수 있다.

③심사위원회는 소청사건의 심사에 필요하다고 인정하는 경우에는 당해 소청사건과 관련된 증인을 불러 질문을 하거나 관계 기관 등에 필요한 서류의 제출을 요구할 수 있다.

④심사위원회가 소청사건을 심사하기 위하여 청구인에 대한 징계요구기관 또는 관계 기관의 소속직원을 증인으로 소환할 경우에는 당해 기관의 장은 이에 응하여야 한다.

⑤심사위원회가 관계 기관 등에 대하여 소청사건의 심사와 관련된

자료의 제출을 요구한 때에는 그 기관은 지정된 기간 내에 이를 제출하여야 한다.

⑥ 심사위원회가 증인을 불러 질문을 할 때에는 증인에게 예산의 범위 안에서 일당과 여비를 지급하여야 한다.


## 제12조(심사의 범위)

심사위원회는 소청심사청구의 원인이 된 사실 외의 사실에 대하여 심사하지 못한다.


## 제13조(청구인 등의 진술)

① 심사위원회가 소청사건을 심사할 때에는 청구인 또는 그 대리인에게 진술의 기회를 부여하여야 한다. 다만, 소청심사청구기간의 경과 등 소청심사의 청구가 부적법하여 각하결정을 하는 때와 소청심사청구의 대상이 되는 처분의 절차상 하자가 명백하여 그 처분의 취소결정을 하는 때는 당사자의 서면진술만으로 결정할 수 있다.

② 심사위원회는 출석한 당사자의 진술을 청취하여야 하고, 필요하다고 인정하는 때에는 구술로 신문할 수 있다.

③ 제9조 제1항의 규정에 의한 통지를 받고 출석하지 아니한 당사자는 서면으로 그 의견을 진술할 수 있다.

④ 형사사건으로 구속되거나 그 밖의 사유로 인하여 심사위원회에 출석할 수 없는 청구인이 제9조 제1항의 규정에 의하여 지정한 기일 또는 심사위원회가 특히 서면에 의한 진술을 위하여 지정한 기일 안에 서면에 의한 진술을 하지 아니한 때에는 심사위원회는 청구인의 진술 없이 당해 소청사건에 대하여 결정을 할 수 있다.

제14조(증거제출 등)

① 당사자는 증거물 그 밖에 당해 소청사건의 심사에 필요한 자료를 심사위원회에 제출할 수 있다.

② 당사자는 증인의 소환 또는 증거물 그 밖에 심사위원회의 심사에 필요한 자료의 제출명령을 심사위원회에 신청할 수 있다. 이 경우 심사위원회는 당사자의 증인소환 또는 자료제출명령 신청에 대한 채택 여부를 결정하여야 한다.

③ 심사위원회가 채택한 증인이 공무원 또는 사립학교 교직원인 경우 그 소속기관의 장은 공가를 허가하여야 한다.


제15조(조서작성)

심사위원회는 소청사건의 심사절차에 관한 조서를 작성하여야 한다.


제16조(심사위원회의 결정)

① 소청사건의 결정은 심사위원회 재적위원 3분의 2 이상의 출석과 출석위원 과반수의 합의에 따르되, 의견이 나뉘어 위원 과반수의 합의에 이르지 못할 경우에는 출석위원 과반수에 이를 때까지 청구인에게 가장 불리한 의견에 차례로 유리한 의견을 더하여 그 중 가장 유리한 의견을 합의된 의견으로 본다. [개정 2020. 5. 4]

② 삭제 [2020. 5. 4]

③ 법 제10조 제2항 제3호 및 제4호에 따른 심사위원회의 결정이 소청심사의 대상이 된 처분에 있어서 법령의 적용, 증거 및 사실 조사에 명백한 흠이 있거나 징계위원회의 구성 또는 징계의결 그 밖에 절차상의 흠이 있음을 이유로 한 경우 처분권자는 청구인에 대한 징계 절차 또는 재임용 절차를 다시 밟아 심사위원회의 결정서를 받은 날부터 3개월(「교육공무원법」 제11조의 4 제4항 및

「사립학교법」 제53조의 2 제6항에 따른 교원에 대한 재임용 거부처분의 경우에는 6개월) 이내에 징계 절차 또는 재임용 절차를 끝내야 한다. 이 경우 심사위원회가 소청심사청구의 대상이 되는 처분에 대하여 한 취소명령 또는 변경명령 결정은 그에 따른 징계 그 밖의 처분이 있을 때까지 종전에 행한 처분의 효력에 영향을 미치지 않는다. [개정 2020. 5. 4]

④심사위원회는 소청심사청구의 대상이 되는 처분보다 청구인에게 불이익한 결정을 하지 못한다.

⑤심사위원회의 결정은 그 이유를 명시한 결정서로 하여야 한다.

⑥심사위원회는 심사 결과 징계처분 등의 원인이 된 사실관계의 명확한 판단을 위해 특별히 필요하다고 인정되는 경우에는 의결을 거쳐 결정을 연기할 수 있다. 이 경우 그 사실을 당사자에게 지체 없이 통지해야 한다. [신설 2020. 5. 4]

제16조의 2(원격영상회의 방식의 활용)

①심사위원회는 위원과 당사자, 증인, 그 밖의 사건관계인 등 회의에 출석하는 사람(이하 이 항에서 "출석자"라 한다)이 동영상과 음성이 동시에 송수신되는 장치가 갖추어진 서로 다른 장소에 출석하여 진행하는 원격영상회의 방식으로 심의·의결할 수 있다. 이 경우 심사위원회의 위원 및 출석자는 같은 회의장에 출석한 것으로 본다.

②심사위원회는 제1항에 따라 원격영상회의 방식으로 심사를 진행하는 경우 청구인 및 증인 등 사건관계인의 신상정보, 회의 내용·결과 등이 유출되지 않도록 보안에 필요한 조치를 해야 한다.

[본조신설 2021. 3. 16]

제17조(결정서의 작성)

심사위원회는 소청사건에 대하여 결정을 한 때에는 다음 각 호의 사항을 기재한 결정서를 작성하고 위원장과 출석한 위원이 이에 서명 또는 날인하여야 한다.

1. 당사자의 표시
2. 결정주문
3. 결정이유의 개요
4. 증거의 판단

제18조(결정의 경정)

심사위원회는 소청사건에 대한 결정에 오기·착오 그 밖에 이와 비슷한 잘못이 있는 것이 명백한 경우 직권 또는 당사자의 신청에 따라 경정결정을 할 수 있다.

제19조(결정서의 송부)

① 결정서(제18조의 규정에 의하여 경정결정을 한 경우 그 경정결정서를 포함한다. 이하 같다)는 그 정본을 작성하여 지체 없이 당사자에게 송부하여야 한다.

② 심사위원회가 제1항의 규정에 의하여 결정서를 송부하였으나 그 결정서가 심사위원회의 과실 없이 청구인에게 송달되지 아니한 경우에는 청구인의 주소·성명과 결정주문을 관보에 게재하는 것으로 결정서의 송부를 갈음할 수 있다. 이 경우 관보에 심사위원회의 결정 결과를 게재한 날부터 14일이 경과하는 날에 그 결정서는 청구인에게 도달된 것으로 본다.

제20조(위원장 및 상임위원의 겸직금지)

심사위원회의 위원장과 상임위원은 소청심사에 있어서 다음 각 호의 직무를 겸할 수 없다.

1. 학교법인의 임원
2. 각종 교원단체의 임원
3. 그 밖에 소청의 당사자중 그 일방의 이익을 위한 기관이나 단체의 임원

제21조(수당)

심사위원회의 회의에 출석한 위원에 대하여는 예산의 범위 안에서 수당을 지급할 수 있다. 다만, 위원장과 상임위원의 경우에는 그러하지 아니하다.

제22조(감사원 요구에 의한 재심)

① 「감사원법」 제32조 제6항의 규정에 따라 감사원이 심사위원회에 재심을 요구한 경우 심사위원회는 즉시 재심요구서 부본을 청구인에게 송부하고 답변 자료의 제출을 요구하여야 한다.

② 심사위원회는 제1항의 규정에 의한 재심사건의 심사를 위하여 필요하다고 인정하는 경우를 제외하고는 당사자의 출석 없이 결정할 수 있다.

③ 심사위원회가 재심사건을 결정한 때에는 재심결정서를 작성하여 그 정본을 지체없이 당사자 및 감사원에 송부하여야 한다. 이 경우 감사원에는 교육부장관을 경유하여 송부하여야 한다. [개정 2008. 2. 29 제20740호(교육과학기술부와 그 소속기관 직제), 2013. 3. 23 제24423호(교육부와 그 소속기관 직제)]

④ 제1항의 재심요구서에 재심이유가 명시되어 있지 아니하거나, 그 밖에 흠이 있는 경우에는 심사위원회는 재심요구서를 접수한

날부터 7일 이내에 상당한 기간을 정하여 보정을 요구하여야 한다. 이 경우 재심청구사건의 처리기간은 그 보정이 완료된 날부터 기산한다.
⑤ 재심요구에 대한 결정은 특별한 사정이 있는 경우를 제외하고는 재심이 요구된 날부터 30일 이내에 하여야 한다.


제23조(행정소송 결과의 통보)
청구인이 법 제10조 제4항에 따라 피청구인을 피고로 하여 행정소송을 제기한 경우에는 해당 소청사건의 피청구인은 청구인이 소송을 제기한 사실 및 그 소송 결과를 심사위원회에 통보해야 한다.
[개정 2021. 9. 24]


제23조의 2(구제명령의 이행기간)
법 제10조의 3에 따른 이행기간은 같은 조에 따른 구제명령(이하 "구제명령"이라 한다)을 통지받은 날부터 30일 이내로 한다. 다만, 구제명령이 처분권자의 재임용심사를 내용으로 하는 경우에는 90일 이내로 한다.
[본조신설 2021. 9. 24]


제23조의 3(이행강제금의 사전통지, 납부기한 및 징수절차)
① 교육부장관, 교육감 또는 관계 중앙행정기관의 장은 법 제10조의4에 따른 이행강제금(이하 "이행강제금"이라 한다)을 부과하기 30일 전까지 이행강제금을 부과·징수한다는 뜻을 문서로써 미리 처분권자에게 알려주어야 한다.
② 교육부장관, 교육감 또는 관계 중앙행정기관의 장이 제1항에 따라 이행강제금을 부과·징수한다는 뜻을 미리 알려주는 경우에

는 10일 이상의 기간을 정하여 처분권자에게 구술 또는 서면(전자문서를 포함한다)으로 의견을 진술할 수 있는 기회를 주어야 한다. 이 경우 지정된 기일까지 의견진술이 없으면 의견이 없는 것으로 본다.

③ 교육부장관, 교육감 또는 관계 중앙행정기관의 장이 이행강제금을 부과할 때에는 처분권자가 이행강제금 부과 통지를 받은 날부터 15일 이내의 범위에서 납부기한을 정해야 한다.

④ 교육부장관, 교육감 또는 관계 중앙행정기관의 장은 처분권자가 천재·사변, 그 밖의 부득이한 사유로 제3항에 따른 납부기한까지 이행강제금을 납부하기 어려운 경우에는 그 사유가 없어진 날부터 15일 이내의 범위에서 납부기한을 정할 수 있다.

⑤ 이행강제금의 부과 및 징수 절차에 관하여는 국고금 관리 법령에서 정하는 절차를 준용한다.

[본조신설 2021. 9. 24]

제23조의 4(이행강제금 산정기준)
이행강제금 산정기준은 별표와 같다.

[본조신설 2021. 9. 24]

제23조의 5(이행강제금의 부과유예)
교육부장관, 교육감 또는 관계 중앙행정기관의 장은 다음 각 호의 어느 하나에 해당하는 사유가 있는 경우에는 직권이나 처분권자의 신청에 따라 그 사유가 없어진 뒤에 이행강제금을 부과할 수 있다.

1. 구제명령을 이행하기 위하여 처분권자가 객관적으로 노력했으나 교원의 소재불명 등으로 구제명령을 이행하기 어려운 것이 명백한 경우

2. 천재 사변이나 그 밖의 부득이한 사유로 구제명령을 이행하기 어려운 경우

[본조신설 2021. 9. 24]

제23조의 6(이행강제금의 반환)

① 교육부장관, 교육감 또는 관계 중앙행정기관의 장은 법원의 확정 판결에 따라 구제명령이 취소되면 직권이나 처분권자의 신청에 따라 이행강제금의 부과·징수를 즉시 중지하고 이미 징수한 이행강제금을 반환해야 한다.

② 교육부장관, 교육감 또는 관계 중앙행정기관의 장이 제1항에 따라 이행강제금을 반환하는 경우에는 이행강제금을 납부한 날부터 반환하는 날까지의 기간에 「국세기본법 시행령」 제43조의 3 제2항에 따른 국세환급가산금의 이자율을 곱한 금액을 가산하여 반환해야 한다.

③ 이행강제금의 반환절차에 관하여는 국고금 관리 법령에서 정하는 절차를 준용한다.

[본조신설 2021. 9. 24]

제24조(민감정보 및 고유식별정보의 처리)

① 심사위원회는 다음 각 호의 사무를 수행하기 위해 불가피한 경우 「개인정보 보호법」 제23조에 따른 노동조합의 가입·탈퇴, 건강에 관한 정보 또는 같은 법 시행령 제18조 제2호에 따른 범죄경력자료에 해당하는 정보나 같은 영 제19조 제1호 또는 제4호에 따른 주민등록번호 또는 외국인등록번호가 포함된 자료를 처리할 수 있다. [개정 2021. 9. 24]

1. 법 제7조 제1항에 따른 소청심사에 관한 사무

2. 제2조에 따른 소청심사청구서의 접수·처리에 관한 사무

3. 제4조에 따른 대리인의 지정·선임에 관한 사무

② 교육부장관, 교육감 또는 관계 중앙행정기관의 장은 다음 각 호의 사무를 수행하기 위하여 불가피한 경우「개인정보 보호법 시행령」제19조 제1호 또는 제4호에 따른 주민등록번호 또는 외국인등록번호가 포함된 자료를 처리할 수 있다. [신설 2021. 9. 24]

1. 법 제10조의 3에 따른 구제명령에 관한 사무

2. 법 제10조의 4에 따른 이행강제금 부과 및 징수에 관한 사무

[전문개정 2020. 5. 4.]


부 칙[2021. 9. 24 제32013호]

이 영은 2021년 9월 24일부터 시행한다.


별표 이행강제금 산정기준(제23조의 4 관련)

# 저자 소개

변호사 오범석(嗚凡錫)

**학력**
  서울 성남고등학교 졸업
  동국대학교 졸업

**경력 및 이력**
  사법시험 제40회 합격
  사법연수원 제30기 수료
  (현) 법무법인 길상 구성원변호사
  (현) 계원예술대학교 고문변호사
  (현) 삼육대학교 자문변호사
  (현) 서울한영대학교 자문변호사
  (현) 학교법인 소농학원 자문변호사
  (전) 동국대학교 고문변호사
  (전) 연세대학교 의료원 고문변호사
  (전) 서울신학대학교 자문변호사
  (전) 부산장신대학교 자문변호사
  (전) 능인대학교 자문변호사
  고려대학교, 한국기술교육대학교, 우석대학교, 대덕대학교 등 다수대학과
  안산디자인 고등학교, 안동영명학교 등 다수 사립학교 자문 및 사건처리

**홈페이지 소개**
  홈페이지 : www.unilaw.co.kr
  무료상담전화 : 02-3486-0029
                010-2069-8838